Theologische Studien

Neue Folge

T V Z

Theologische Studien

Neue Folge

herausgegeben von
Thomas Schlag, Reiner Anselm,
Jörg Frey, Philipp Stoellger

Die Theologischen Studien, Neue Folge, stellen aktuelle öffentlichkeits- und gesellschaftsrelevante Themen auf dem Stand der gegenwärtigen theologischen Fachdebatte profiliert dar. Dazu nehmen führende Vertreterinnen und Vertreter der unterschiedlichen Disziplinen – von der Exegese über die Kirchengeschichte bis hin zu Systematischer und Praktischer Theologie – die Erkenntnisse ihrer Disziplin auf und beziehen sie auf eine spezifische, gegenwartsbezogene Fragestellung. Ziel ist es, einer theologisch interessierten Leserschaft auf anspruchsvollem und zugleich verständlichem Niveau den Beitrag aktueller Fachwissenschaft zur theologischen Gegenwartsdeutung vor Augen zu führen.

Theologische Studien

NF 12 – 2017

Lukas David Meyer

———

Fremde Bürger

Ethische Überlegungen zu Migration, Flucht und Asyl

T V Z

Theologischer Verlag Zürich

Gedruckt mit freundlicher Unterstützung der Ulrich Neuenschwander-Stiftung und der Evangelisch-lutherischen Landeskirche Hannovers.

Der Theologische Verlag Zürich wird vom Bundesamt für Kultur mit einem Strukturbeitrag für die Jahre 2016–2018 unterstützt.

Bibliografische Informationen der Deutschen Nationalbibliothek

Die Deutsche Nationalbibliothek verzeichnet diese Publikation in der Deutschen Nationalbibliografie; detaillierte bibliografische Daten sind im Internet über http://dnb.dnb.de abrufbar.

Umschlaggestaltung: Simone Ackermann, Zürich

Druck: ROSCH-BUCH GmbH, Schesslitz

ISBN 978-3-290-17813-0

© 2017 Theologischer Verlag Zürich

www.tvz-verlag.ch

Inhalt

Vorwort

Die vorliegende Studie soll zur Aufarbeitung der Debatte um Migration, Flucht und Asyl beitragen. Perspektiven zur Verhältnisbestimmung von philosophischen und theologischen Überlegungen sollen aufgezeigt werden, um einen problembewussten Zugang zu einem der umstrittensten Themen der Gegenwart zu gewinnen.

Von vielen Seiten erhielt ich Unterstützung, für die ich dankbar bin. Prof. Dr. Reiner Anselm gab wertvolle Hinweise und ermutigte mich, meine Ausführungen zu publizieren. Die Herausgeber der Theologischen Studien stimmten einer Aufnahme dieser Studie in ihrer Reihe zu; insbesondere Prof. Dr. Thomas Schlag regte mich mit kritischen Anmerkungen zu Präzisierungen an. Lisa Briner, die Verlagsleiterin des Theologischen Verlags Zürichs, unterstützte mich bei dieser Publikation ebenso engagiert wie professionell und lektorierte das Manuskript in umsichtiger Weise.

Zahlreiche Anregungen und weiterführende Fragen verdanke ich außerdem den Gesprächen mit Prof. Dr. Christian Polke, Prof. Dr. Arnulf von Scheliha, Prof. Dr. Christine Axt-Piscalar, Prof. Dr. Bernd Schröder, Robert Schnücke sowie der innerfamiliären Theologiefraktion um Philipp Jürgen und Philipp Jakob Meyer. Dank gebührt zudem der Neuenschwander-Stiftung sowie der Evangelisch-lutherischen Landeskirche Hannovers für die Gewährung eines Druckkostenzuschusses.

Gewidmet ist dieses Büchlein meiner Großmutter Brigitte Charlotte Meyer, die vor fünf Jahren verstorben ist. In der Nacht vom 19. auf den 20. Januar 1945 floh sie aus ihrer Heimatstadt Gnesen. Sie fuhr auf einem offenen Güterwagen bei 17 Grad Kälte zunächst von Posen nach Berlin. Während der Fahrt erfroren acht Säuglinge. Meine Großmutter fand Zuflucht.

Brüssel, Ostern 2017   Lukas Meyer

1. Einleitung

Als am 9. November 2016 Donald Trump gegen alle Prognosen zum Präsidenten der Vereinigten Staaten von Amerika gewählt wurde, standen große Teile der Öffentlichkeit unter Schock. Am 27. Jahrestag des Mauerfalls war es dem republikanischen Kandidaten gelungen, sich vor allem durch feindselige Äußerungen gegen Einwanderer[1] und das liberale Establishment durchzusetzen. Weltweit bejubelten Rechtspopulisten die Wahl Trumps, nachdem bereits im Juni 2016 die Brexit-Kampagne ebenfalls in erster Linie durch ihren nationalistischen Anti-Migrationskurs erfolgreich gewesen war.[2] Während die Titelblätter großer Zeitungen entweder gleich das Ende der Welt verkündeten[3] oder die Ära des Populismus ausriefen[4], ernannten andere Bundeskanzlerin Merkel zur nun weltweit wichtigsten Vertreterin liberaler Werte[5] oder ermutigten sich mit einer Variation der berühmten Formel ihrer Flüchtlingspolitik: «Wir schaffen auch den.»[6]

In einer globalisierten Welt hat die Migration stark zugenommen: Während 1910 33 Millionen Menschen außerhalb ihrer Heimatländer lebten, sind es 2015 244 Millionen Menschen.[7] Die grausamen Kriege im Mittleren Osten sowie die Krisen in Eritrea und Libyen setzten zudem Fluchtströme globalen

---

[1] Im Folgenden werden feminine und maskuline Formen gemischt. Personen des anderen Geschlechts und mit uneindeutiger geschlechtlicher Identität sind immer eingeschlossen.

[2] Laut einer Survation-Studie im Auftrag des Nachrichtensenders ITN stimmten knapp 50 % der Leave-Befürworter für den EU-Austritt, weil sie sich davon eine restriktivere Immigrationspolitik versprachen. Damit war die Immigrationspolitik das erfolgreichste Motiv der Brexit-Kampagne. Siehe dazu: Jean-Christoph Catalon, Die größte Angst der Brexit Wähler, Weblink EurActiv, 02.11.16, www.euractiv.de/section/eu-innenpolitik/news/immigration-die-groesste-angst-der-brexit-waehler/?nl_ref=23911591 (zuletzt abgerufen: 05.04.17).

[3] Vgl. Der Spiegel, Das Ende der Welt (wie wir sie kennen), Nr. 46, 12.11.16, https://magazin.spiegel.de/SP/2016/46/ (zuletzt abgerufen: 05.04.17).

[4] Vgl. El Mundo, Estados unidos entra en la era del populismo, 10.11.16, http://paralalibertad.org/estados-unidos-entra-en-la-era-del-populismo/ (zuletzt abgerufen: 05.04.17).

[5] Vgl. Alison Smale & Steven Erlanger, As Obama Exits World Stage, Angela Merkel May be the Liberal West's Last Defender, in: New York Times online, 12.11.16, www.nytimes.com/2016/11/13/world/europe/germany-merkel-trump-election.html?_r=0 (zuletzt abgerufen: 05.04.17).

[6] Vgl. Bild, Wir schaffen auch den. Das bedeutet Trumps Sieg für Deutschland, 10.11.16, http://meedia.de/2016/11/10/von-wir-schaffen-auch-den-bis-american-psycho-die-zeitungs-cover-zum-trump-triumph/ (zuletzt abgerufen: 05.04.17).

[7] Die UN-Definition eines Migranten bezieht sich auf eine Person, die vorübergehend oder dauerhaft in einem Land, in dem sie oder er nicht geboren ist. Ein Migrationshintergrund, also die Geburt eines Elternteils in einem anderen Land, wird bei sogar einer Milliarde Menschen der Weltbevölkerung angenommen. Vgl. United Nations, Department of Economic and Social

Ausmaßes frei. Drastisch zeigt der Tod von mindestens 30 000 Menschen beim Versuch der Mittelmeerüberquerung innerhalb der letzten fünfzehn Jahre das Versagen der internationalen Gemeinschaft, die Menschenrechte von Migrantinnen und Flüchtlingen zu schützen.[8] Zugleich speist sich der globale Aufschwung des Rechtspopulismus aus der Beschwörung des Eigenen gegen das Fremde, der Forderung nach Protektionismus, der Kriminalisierung von Migranten und dem Wunsch nach einer hermetischen Sicherung nationaler Grenzen. Kein Thema ist derzeit politisch so umstritten wie der Umgang mit Migrantinnen und Flüchtlingen[9].

Dies zeigt, dass der Themenkomplex Migration, Flucht und Asyl eine der größten Herausforderungen für die evangelische Ethik im 21. Jahrhundert bildet. Politische Grenzen und die damit vorgenommene Unterscheidung von Mitgliedern und Fremden werfen Fragen zur politischen Zugehörigkeit auf. Müssen Flüchtlinge befürchten, dass die neu gewählten Machthaber von Rechtstaaten ihnen künftig Asyl verwehren, statt es zu gewähren? Entspringt die Forderung nach Sicherung der Menschenrechte nur einer elitären Einstellung vereinzelter Kosmopoliten, die gewöhnliche Bürgerinnen nicht teilen? Werden die Nationalstaaten versuchen, ihre Grenzen hermetisch zu sichern und illegal Eingewanderte allesamt abschieben, wie Trump es selbst nach seiner Wahl angekündigt hat? Mit welchen Prinzipien und Praktiken können Migrantinnen in das politische Gemeinwesen eingebunden werden? Und schließlich: Welche Rolle kann der Protestantismus einnehmen, der sich nach einer wechselvollen Geschichte als Anwalt der Menschenrechte versteht und ausdrücklich für eine liberale Einwanderungspolitik plädierte?

Affairs, Trends in International Migrant Stock. The 2015 Revision, www.un.org/en/development/desa/population/migration/index.shtml (zuletzt abgerufen: 05.04.17).

[8] Siehe dazu die von Journalistinnen betriebene Datenbank The Migrants' Files. The Human and Financial Cost of 15 Years of Fortress Europe, 24.06.16, www.themigrantsfiles.com, (zuletzt abgerufen: 05.04.17).

[9] Der Begriff «Flüchtling» wird teilweise kritisiert und durch den Begriff «Geflüchtete» ersetzt. Problematisiert wird, die Wortstruktur habe mit der Endung -ing entweder eine negative Konnotation wie «Fiesling», eine exotisierende Tendenz wie «Häuptling» oder einen verniedlichenden Zungenschlag wie «Liebling». Dagegen indiziere das Partizip «Geflüchteter» begrifflich das Ende der Flucht und damit die Aufnahme einer Person. Dennoch entscheide ich mich für die Beibehaltung des Begriffs «Flüchtling»: erstens waren es Anfang der 1990er Jahre Kirchen und Flüchtlingsinitiativen, die erfolgreich für diesen Begriff gegen den Begriff «Asylant» votierten; zweitens ist der Begriff fest in der Erinnerungskultur verankert und dabei keineswegs negativ konnotiert; drittens spielt der Begriff in Rechtstexten eine elementare Rolle für die Artikulierung von Rechtsansprüchen und viertens ist allem Wunschdenken zum Trotz die Flucht der Wenigsten tatsächlich am Ende. Vgl. dazu auch Andrea Kothen, Sagt man jetzt Flüchtlinge oder Geflüchtete?, in: Heft zum Tag des Flüchtlings 2016, hg. von Pro-Asyl im Juni 2016, 24.

Ethische Differenzierungen sind notwendig, um den *clash of morals* (Konrad Ott) der Flüchtlingsdebatte zu strukturieren und zu analysieren (2.). Ausgehend von der Unterscheidung von Flucht und Migration sind die global größten Fluchtursachen der Gegenwart (2.1.) und historische Fluchtdiskurse zu berücksichtigen (2.2.); rechtlich bilden die Menschenrechte und die Genfer Flüchtlingskonvention zentrale Rechtsnormen (2.3); begrifflich sind die Eigenarten von Moral, Recht und Politik und ihr jeweiliges Verhältnis zueinander zu klären (2.4). Diese begrifflichen Klärungen beziehen sich auf die rechtsphilosophische Debatte (3.). Dichotomien, die sich mit der Unterscheidung zwischen Gesinnungs- und Verantwortungsethik markieren lassen, sollen vermieden werden. Denn einerseits lösen Gesinnungsethiker wie Andreas Cassee Politik in Moral auf: ohne Berücksichtigung tatsächlicher politischer Verhältnisse wird die eigene moralische Argumentation der Debatte gewissermaßen übergestülpt.[10] Andererseits tendieren verantwortungsethische Entwürfe etwa bei Konrad Ott dazu, Recht in Politik aufzulösen: Ott sieht die Willensbildung als letzte Instanz für den Umgang mit Flucht und Migration – dass aber das Asylrecht der Willensbildung entzogen bleiben muss und dass die Bezugnahme auf die Menschenrechte die politische Debatte bereits in hohem Maße prägt, droht so aus dem Blick zu geraten.[11]

Polarisierungen bestimmen die Debatte, tragen aber kaum zur Bestimmung von Zuständigkeiten bei und führen in Aporien. Seyla Benhabib gelingt es dagegen mit einer diskursethischen Herangehensweise, Moral, Recht und Politik in ein Verhältnis zu setzen, sodass ein Ausgleich von Gesinnung und Verantwortung möglich wird. Mit Benhabib möchte ich also in dieser Studie zeigen, «dass das Projekt des Kosmopolitismus, so irreführend es in manchen seiner

---

[10] «Denn wir sollten Fragen der politischen Strategie nicht mit Fragen der Gerechtigkeit verwechseln. Ein Unrecht bleibt ein Unrecht, auch wenn politische Mehrheiten für seine Überwindung zurzeit nicht in Aussicht stehen. [...] Wenn die bestehenden Einwanderungsbeschränkungen moralisch unhaltbar sind, dann tun irreguläre Migranten wahrscheinlich kein Unrecht, wenn sie entsprechende rechtliche Regelungen zu umgehen versuchen.» Andreas Cassee, Globale Bewegungsfreiheit. Ein philosophisches Plädoyer für offene Grenzen, Berlin 2016, 280f.

[11] Otts Position lässt sich gegen Cassee anbringen: «Kommende Regierungen brauchen für ihre Zuwanderungspolitiken in jedem Falle demokratische Input-Legitimation. [...] Das Risiko liegt freilich auf der Hand: Jede Partei, die nicht verboten ist, darf zur Wahl antreten. Falsch wäre es dennoch, ein derartiges Politikum im Namen welcher Moral auch immer zu entpolitisieren.» Vgl. Konrad Ott, Zuwanderung und Moral, Stuttgart 2016, hier: 91f. Der praktischen Notwendigkeit einer politischen Positionierung stimme ich zu; dennoch ziehe ich Benhabibs Begriff der demokratischen Iteration vor, um so ein stärker normatives Interesse an den Menschenrechten vertreten zu können.

Formulierungen auch sein mag, vor seinen nationalistisch-kommunitaristischen Kritikern auf der Rechten und seinen zynischen Verächtern auf der Linken nicht minder gerettet werden muss als vor seinen postmodernen und dekonstruktivistischen Skeptikern.»[12]

In dieser Perspektive ist die Spaltung der Lager vor allem auf einen Widerspruch zurückzuführen, der in freiheitlichen Demokratien durch Flucht und Migration deutlich wird: «der Widerspruch zwischen souveräner Selbstbestimmung einerseits und der Einhaltung universeller Menschenrechte andererseits.»[13] Durch die Relektüre von Kants Friedensschrift kann aber zunächst das Recht auf Gastfreundschaft als Vermittlung zwischen beiden Polen rekonstruiert werden (3.1.). Davon ausgehend argumentiere ich für durchlässige Grenzen: während Joseph Carens für offene Grenzen, der Kommunitarist Michael Walzer für das Recht auf Ausschluss argumentiert, vermittelt Benhabib zwischen diesen Positionen (3.2.). Im Hinblick auf eine demokratische Verrechtlichung kosmopolitischer Normen legt Benhabib den Blick auf die *jurisgenerative Wirkung* der Menschenrechte frei: zwischen Menschen- und Staatsbürgerrechten ist es bereits zu rechtlichen Innovationen und zu einer Annäherung gekommen (3.3.). Diese sind eng mit *demokratischen Iterationen* verknüpft, in denen die Menschenrechte im politischen Diskurs künftig angeeignet, kontextualisiert und erweitert werden können (3.4.).

Den Ertrag der rechtsphilosophischen Debatten beziehe ich schließlich auf die theologisch-ethische Debatte (4.). Hier sehe ich nun die Funktion der theologischen Ethik darin, das Richtige als das Gute auszuweisen und zu bestimmen – insofern bestimme ich das Verhältnis zur philosophischen Ethik nicht als Konkurrenz-, sondern Kooperationsverhältnis.[14] Davon ausgehend setze ich mich mit den Potenzialen des christlichen Ethos im Einsatz für die Rechte der Anderen auseinander (4.1.). Ausgehend von partikularen Quellen der Universalität unterscheide ich zwischen einer internen und einer externen Diskursebene. Die Menschenrechte können intern als strukturverwandt mit den eigenen christlichen Überzeugungen von der Menschenwürde rezipiert werden, ohne diese aber als allein christliche Idee zu vereinnahmen und damit die externe Diskursebene zu verkennen. Zur Veranschaulichung davon spielen biblische Bezüge eine wichtige Rolle (4.2.). Vor allem an das Exodus-Motiv, aber

---

[12] Seyla Benhabib, Kosmopolitismus ohne Illusionen. Menschenrechte in unruhigen Zeiten, Berlin 2016, 23.

[13] Seyla Benhabib, Die Rechte der Anderen, Frankfurt/Main 2008, 14.

[14] Vgl. dazu Arnulf von Scheliha, Migration in ethisch-religiöser Reflexion. Theologiegeschichtliche und ethische Erwägungen zu einem aktuellen Thema, in: ZThK 113, 78–98, hier: 90.

auch an Ambivalenzen partikularisierender und universalisierender Bibelstellen ist hier zu denken.

Daran anschließend rezipiere ich Benhabibs Kosmopolitismus ohne Illusionen für die theologische Ethik (4.3.), was zu einer Kritik an zwei Hauptsträngen der theologisch-ethischen Debatte um Flucht und Migration führt: Ulrich Körtner unterläuft sowohl das kosmopolitische Streben als auch das Engagement für Menschenrechte; beides aber ist konstitutiv für das heutige christliche Selbstverständnis.[15] Heinrich Bedford-Strohm dagegen berücksichtigt meines Erachtens die Spannungen zwischen nationaler und globaler Ebene zu wenig, was zu übertriebenem Optimismus und falscher Beteuerung der globalen Einheit führt.[16] Im Gegenüber zu diesen beiden Positionen konkretisiere ich anhand der Schleiermacherschen Unterscheidung von Pflicht, Gut und Tugend, wie ich eine kosmopolitisch motivierte Vermittlung zwischen Gesinnung und Verantwortung in Bezug auf die evangelische Ethik sehe und was dies für einen Einsatz für die Rechte der Anderen bedeutet. Abschließend werden die Überlegungen auf die gemeinsame Erklärung der EKD & DBK «... und der Fremdling, der in deinen Toren ist» (1997) bezogen, um diese kritisch zu würdigen und eine Aktualisierung anzuregen (4.4.). Im Fazit ziehe ich eine Bilanz dieser Studie (5.).

---

[15] Körtner weist vorwiegend den Einzelstaaten die Aufgabe zu, sich in der Flüchtlings- und Asylpolitik zu positionieren, zudem erinnert er an den Grundsatz *ultra posse nemo obligatur*. Dies klingt allerdings wie eine bildungsbürgerliche Umformulierung der Parole «Das Boot ist voll» – denn das posse der jeweiligen Staaten ist gerade höchst umstritten, wie etwa die Streitigkeiten des Kommissionspräsidenten Jean-Claude Juncker mit dem ungarischen Ministerpräsidenten Viktor Orban zeigen. Vgl. dazu Ulrich Körtner, Mehr Verantwortung, weniger Gesinnung. In der Flüchtlingsfrage weiche die Kirchen wichtigen Fragen aus, in: Zeitzeichen 2/2016, 8–11, hier: 11.

[16] Bedford-Strohm stellt einen zwar wünschenswerten, aber wenig realistischen Katalog an Leistungen für Migranten auf. Moralische und rechtliche Normen können aber nicht einfach von der Kirche gesetzt werden, sie müssen demokratisch iteriert werden. Vgl. dazu Heinrich Bedford-Strohm, Responding to the Challenges of Migration and Flight from a Perspective of Theological Ethics, in: Theological Reflections on Migration. A CCME Reader, Brüssel 2008, 38–46, bes. 44–46. Vgl. dazu auch Heinrich Bedford-Strohm, Mitgefühl. Ein Plädoyer, München 2016.

2. Ethische Differenzierungen: Migration, Flucht & Asyl

Um die Dimension der Problematik zu fassen, werden in diesem Kapitel die Rahmenbedingungen der ethischen Debatte analysiert. Hierbei ist zunächst zwischen Flucht und Migration zu unterscheiden: «Flüchtlinge seien definiert als Schutzsuchende, denen ein weiterer Aufenthalt in ihren Heimat- und Herkunftsländern unzumutbar ist. [...] Migrantinnen hingegen möchten ihre Lebensaussichten und die ihrer Angehörigen durch Auswanderung verbessern.»[17] Typische Fluchtgründe bestehen also etwa in Verfolgung, Krieg und Naturkatastrophen – eine sinnvolle Alternative zur Flucht besteht nicht mehr.[18] Dagegen ergeben sich Migrationsgründe nicht aufgrund einer akuten Notsituation, sondern meist aus einer Erwägung, den eigenen Wohlstand und den der Familie durch Auswanderung zu verbessern. Im Folgenden analysiere ich zunächst gegenwärtige Statistiken, dann den Einfluss historischer Fluchtdiskurse auf die aktuelle Debatte und schließlich die jüngere Entwicklung des modernen Asyl- und Migrationsrechts. Davon ausgehend komme ich zur begrifflichen Klärung der Zuständigkeitsbereiche von Moral, Recht und Politik.

2.1 Gegenwärtige Statistiken

In der Gegenwart lässt sich eine deutliche Zunahme von Fluchtbewegungen feststellen: nach Angaben der UNHCR lebten im Juni 2016 weltweit ca. 65 Millionen gewaltsam Vertriebene fernab ihrer Heimat, die Hälfte von ihnen sind Minderjährige.[19] Dieser Stand ist damit noch höher als während des Zweiten Weltkriegs, in dessen Folge 60 Millionen Menschen und damit zehn Prozent der Einwohnerinnen des europäischen Kontinents vertrieben wurden.[20] Die aktuell meisten Flüchtlinge stammen aus drei Ländern: Infolge der kriegerischen Auseinandersetzungen sind aus Syrien 4,9 Millionen, aus Afghanistan 2,7 Millionen und aus Somalia 1,1 Millionen Menschen geflohen. Die in absoluten Zahlen am stärksten beanspruchten Aufnahmestaaten sind die Türkei

---

[17] Ott, Zuwanderung und Moral, 11f.

[18] Vgl. Ott, Zuwanderung und Moral, 12.

[19] Siehe dazu und zu den folgenden Zahlen: UNHCR, Figures at a Glance. Global Trends 2015, Statistical Yearbooks. www.unhcr.org/figures-at-a-glance.html (zuletzt abgerufen: 05.04.17).

[20] Diese Zahlen ergeben sich zwar aus Schätzungen und erreichen nicht die Präzision der gegenwärtigen Angaben der UNHCR, gleichwohl können die Angaben als belastbar gelten. Vgl. Jochen Oltmer, Kleine Globalgeschichte der Flucht im 20. Jahrhundert, in: APuZ 26–27/2016, 18–25, hier: 19.

mit 2,5 Millionen, Pakistan mit 1,6 Millionen und der Libanon mit 1,1 Millionen Menschen. Im relativen Verhältnis zur Bevölkerung bildet der Libanon den am stärksten beanspruchte Aufnahmestaat, hier kommen 173 Flüchtlinge auf 1000 einheimische Bewohner; es folgt Jordanien mit 89 und der mikronesische Inselstaat Nauru mit 50 Flüchtlingen pro 1000 einheimischen Bewohnern. Wiederum ein anderes Bild ergibt sich, wenn der Aufnahmestaat im relativen Verhältnis zum Bruttoinlandsprodukt betrachtet wird: hier sind es drei afrikanische Staaten und wiederum der Libanon, die gemessen an den wirtschaftlichen Möglichkeiten die meisten Menschen aufnehmen. Gemessen an einer Million US-Dollar Bruttoinlandsprodukt nimmt der Südsudan 100 Flüchtlinge auf, gefolgt von Tschad mit 40 und Uganda mit 20 Flüchtlingen – diesen Wert teilt Uganda mit dem Libanon. Diese relativen Werte, die aussagekräftiger im Hinblick auf die tatsächliche Beanspruchung eines Staates sind, zeigen also deutlich, dass die europäischen Staaten im globalen Vergleich deutlich weniger Flüchtlinge aufnehmen.

Auch wenn also die Debatte in Europa einen anderen Eindruck erweckt, suchen 86 % der Flüchtlinge Schutz im globalen Süden – dem stehen nur sechs Prozent in Europa gegenüber.[21] Gleichwohl ist auch in Europa seit 2013 ein signifikanter Anstieg der Asylanträge zu verzeichnen: waren es von 2005 bis 2012 durchschnittlich ca. 200 000 Menschen pro Jahr, die Asyl in einem EU-Staat beantragten, stieg die Zahl der Anträge im Jahr 2015 auf etwa 1,3 Millionen.[22] Die vergleichsweise geringe Anzahl von Flüchtlingen in Europa lässt sich vor allem mit drei Faktoren erklären: erstens sind größere Fluchtdistanzen schwer zu organisieren und zu finanzieren – allein das Schleuserhonorar aus Westafrika oder dem Mittleren Osten beträgt schätzungsweise rund 10 000 €; zweitens behindern Transit- und Zielländer die Flucht und drittens strebt der Großteil der Flüchtlinge mittelfristig eine Rückkehr in die Heimat an.[23]

Im Hinblick auf Migration ergibt sich dagegen ein anderes Bild: von den weltweit 244 Millionen leben 76 Millionen Migrantinnen in Europa, was im globalen Vergleich 31 % entspricht.[24] Bemerkenswert ist zudem, dass selbst

21 Vgl. Oltmer, Flucht im 20. Jahrhundert, 25.

22 Siehe dazu: Eurostat, Statistics Explained. Asylum Quarterly Report, 14.12.16, http://ec.europa.eu/eurostat/statistics-explained/index.php/Asylum_quarterly_report (zuletzt abgerufen: 05.04.17).

23 Vgl. Oltmer, Flucht im 20. Jahrhundert, 25.

24 Siehe dazu und zu den folgenden Zahlen: United Nations, Department of Economic and Social Affairs, Trends in International Migrant Stock. The 2015 Revision, www.un.org/en/development/desa/population/migration/index.shtml (zuletzt abgerufen: 05.04.17).

unter Absehung der binneneuropäischen Migration der bedeutend höhere Anteil an Zuwanderern einer christlichen Kirche angehört.[25] In absoluten Zahlen leben europaweit die meisten Migranten in Deutschland (12,5 Millionen), Großbritannien (8,5 Millionen) und Frankreich (7,8 Millionen). Im Verhältnis zur Gesamtbevölkerung ist die Migrationsrate unter den EU-Staaten in Luxemburg mit 44,0, Österreich mit 17,5 und Schweden mit 16,8 % am höchsten. Deutschland weist unter den bevölkerungsstärksten EU-Staaten den höchsten Prozentsatz mit 14,9 % auf. Insofern sind insbesondere die westeuropäischen Staaten zu Einwanderungsländern geworden, die eine ähnlich hohe Migrationsquote wie die USA, ein klassisches Einwanderungsland, aufweisen. Der Wohlstand in den führenden Industrienationen und die damit verbundenen Arbeitsmarkterfordernisse führen zu einer deutlichen Steigerung von Migration, während Fluchtbewegungen vorwiegend im Nahbereich von Krisenherden wahrzunehmen sind.

Die ökonomischen Effekte von Migration in den Herkunftsländern sind umstritten: einerseits bewirkt der *brain drain,* also die Abwanderung von gut ausgebildeten Personen aus Entwicklungsländern, Nachteile für politischen und wirtschaftlichen Fortschritt in den Herkunftsländern; andererseits bilden die oft zum Großteil in die Heimat rücktransferierten Löhne von Migrantinnen einen wichtigen Wirtschaftsfaktor.[26] Auf Seite der Wohlstandsländer besteht ein ausgeprägtes Interesse an staatlich gesteuerter Migration: angesichts des demografischen Wandels und der wirtschaftlichen Entwicklung ist der Bedarf an Zuwanderung hoch.[27] Dieses Eigeninteresse steht in Spannung zur rechtlichen Selbstverpflichtung, Flüchtlingen Asyl zu gewähren, da hier eine an den eigenen Arbeitsmarkt abgestimmte Steuerung nur in geringerem Maße möglich ist. Ethisch umstritten ist also, inwieweit ökonomische Eigeninteressen die Flucht- und Migrationspolitik bestimmen dürfen.

2.2 Historische Fluchtdiskurse

Jede Öffentlichkeit ist in hohem Maße durch ihre Erinnerungskultur geprägt. Dies soll am Beispiel der Vertreibungserinnerung seit dem Zweiten Weltkrieg und ihre Bezüge auf die heutige Flüchtlingsdebatte in Deutschland gezeigt

---

[25] Daran ändert auch die jüngere Zuwanderung aus dem Mittleren Osten nichts; hier sind unter den syrischen 75 %, unter den afghanischen Flüchtlingen 80 % sunnitischen Glaubens. Siehe dazu: «Identität und Innovation. Flucht, Migration und religiöse Pluralisierung in Deutschland». In: Herder Korrespondenz: Monatshefte für Gesellschaft und Religion 69 (11), S. 565–568, hier: 566.

[26] Vgl. Ott, Zuwanderung und Moral, 75f.

[27] Vgl. Paul Collier, Exodus. Warum wir Einwanderung neu regeln müssen, München 2014.

werden. Bis heute hat ein Viertel der deutschen Bevölkerung einen Vertreibungshintergrund infolge der Flucht von 12–14 Millionen Menschen während und nach dem Zweiten Weltkrieg aus Mittel- und Osteuropa.[28] Bemerkenswert im Hinblick auf die heutige Debatte ist, dass vor allem in der frühen Bundesrepublik auf Seiten der einheimischen Bevölkerung eine Angst vor Überfremdung herrschte.[29] Kulturelle und sprachliche Unterschiede zwischen Einheimischen und Vertriebenen führte zur Einstellung, «zwei getrennten Schicksalsgemeinschaften» anzugehören.[30] Zugleich bemühte man sich vor allem auf Seiten der Vertriebenen in den 1950er Jahren, die Vertreibung von Deutschen mit der von NS-Opfern, insbesondere Juden, gleichzusetzen. So betonte etwa Eugen Lemberg, ein prominenter Vertriebenenforscher: «Was Juden durch Deutsche zugefügt wurde, ist diesen von Tschechen und Polen widerfahren.»[31] Noch 1980 bemerkte der Bund der Vertriebenen (BdV) anlässlich der TV-Serie «Holocaust», dass die Vertreibung «in ihrem Grauen auch als Holocaust bezeichnet werden»[32] könne.

Langfristig kam es aber zu einem Perspektivwechsel auf Flucht und Vertreibung. Mit Hilfe des staatlich unterstützten Narrativs vom «Wirtschaftswunder» etablierte sich die Vorstellung einer erfolgreichen Integration.[33] Mehr noch geriet seit den 1970er Jahren zunehmend die deutsche Täterschaft in den Blick, was zu einer anderen Perspektive auf Vertriebene und zur Anerkennung der Oder-Neiße-Grenzen führte. Parallel dazu kam es zu einer neuen Herausforderung im Umgang mit Flüchtlingen durch den Putsch 1973 in Chile: die von den USA geförderte Machtübernahme durch Pinochet war Ursache für die Flucht zahlreicher kommunistischer Allende-Anhänger, die in Deutschland

---

[28] In den 1960er Jahren kamen übrigens 14 Millionen Gastarbeiter nach Deutschland, wovon aber 11 Millionen wieder in ihre Heimatländer zurückkehrten. Im Rahmen dieses Abschnitts beschränke ich mich auf Fluchtdiskurse, auch wenn die Analyse von Migrationsdiskursen sicher lohnenswert wäre. Vgl. dazu Stephan Scholz, Die deutsche Vertreibungserinnerung in der Flüchtlingsdebatte, in: APuZ 26–27/2016, 40–46.

[29] Vgl. Andreas Kossert, Kalte Heimat. Die Geschichte der deutschen Vertriebenen nach 1945, München 2008, 71.

[30] Klaus Bade, Sozialhistorische Migrationsforschung und Flüchtlingsintegration, in: Schulze, Rainer u. a. (Hg.), Flüchtlinge und Vertriebene in der westdeutschen Nachkriegsgeschichte. Bilanzierung und Perspektiven auf die künftige Forschungsarbeit, Hildesheim 1987, 126–162, 152f.

[31] Eugen Lemberg, Geschichte des Nationalismus in Europa, Stuttgart 1950, 11.

[32] Zitiert nach: Jakubowska, Anna, Der Bund der Vertriebenen in der Bundesrepublik Deutschland und Polen (1957–2004). Selbst- und Fremddarstellung eines Vertriebenenverbandes, Marburg 2012, 138.

[33] Vgl. Scholz, Vertreibungserinnerung, 43.

Asyl beantragten.[34] Während bis dahin vor allem Systemgegnern aus der DDR Asyl gewährt worden war, widersprach die durch kirchliche Kontakte vermittelte Flucht von Kommunistinnen dem Blockdenken des Kalten Krieges. Insbesondere im konservativen Lager wurde die Vertreibung von Deutschen der Vertreibung chilenischer Kommunisten gegenübergestellt: Die einen waren mittlerweile eindeutig Einheimische, die anderen fremde Kommunisten, die das Asylrecht missbrauchten. Die heutige islamophobe Rhetorik weist ähnliche Motive auf.

Infolge der Jugoslawienkriege kam es in den 1990er Jahren zu einem neuen Nachdenken über Flucht und Migration. Der starke Anstieg von Flüchtlingen in Deutschland führte zu Auseinandersetzungen: auf der einen Seite kam es zu bislang ungekannten gewalttätigen Übergriffen auf Asylsuchende, auf der anderen Seite verloren die historischen Kontexte an Bedeutung, sodass erstmals die Perspektive von Deutschen als Opfer an einen universalen Menschenrechtsdiskurs andocken konnte.[35] Dies bildete die Bedingung für eine Art «Schicksalsvergleich», der an der Jahrtausendwende in der bundesdeutschen Erinnerung zunehmend vollzogen wurde.[36] Wenn auch die Zahl der Gewalttaten gegen Asylanten anstieg, wurde die erzwungene Migration im Zweiten Weltkrieg nun allmählich auf Zuwanderer in der Gegenwart bezogen. Hierzu passt, dass mittlerweile auch der BdV fordert, Flüchtlingen mit Mitgefühl zu begegnen – nicht ohne anzumerken, dass deutschen Vertriebenen dieses Mitgefühl einst vorenthalten wurde.[37] Die Universalisierung der Vertreibungserinnerung ist in konservativen Kreisen aber nicht unumstritten: So betonte der bayrische Ministerpräsident und CSU-Vorsitzende Horst Seehofer in der aktuellen Debatte erneut die Unterschiede zwischen den Vertriebenen als Deutschen und den heutigen Zuwanderern als Migranten, die «massenhaften Asylmissbrauch»[38] begehen würden.

Insgesamt überwiegt in der Gegenwart aber das politische Bemühen um eine Übertragung der Vertreibungserinnerung auf die Gegenwart: der vom BdV jahrelang geforderte «Gedenktag für die Opfer von Flucht und Vertreibung» wurde von der großen Koalition 2014 bewusst auf den 20. Juni gelegt –

---

34 Vgl. Patrice Poutrus, Spannungen und Dynamiken. Asylgewährung in der Bundesrepublik Deutschland von den frühen 1950ern bis zur Mitte der 1970er Jahre, in: Gernot Heis & Maria Mesner (Hg.), Asyl. Das lange 20. Jahrhundert, Wien 2013, 126–145.
35 Vgl. Scholz, Vertreibungserinnerung, 45.
36 Vgl. Scholz, Vertreibungserinnerung, 42f.
37 Vgl. Jobst-Ulrich Brand & Ulrike Plewnia, Das Ende des Misstrauens. Interview mit Monika Grütters und Bernd Fabritius, in: Focus, 12.3.2016, 102–105.
38 Zitiert nach: Christian Deutschländer, Seehofer zu Asyl: Merkel hat ernste Lage erkannt. Interview mit Horst Seehofer, in: Münchener Merkur, 25.06.15, 17.

dies ist der von den Vereinten Nationen bestimmte Weltflüchtlingstag. Historische Erinnerung soll sich so mit dem Gegenwartsbezug verbinden, um das integrative Potenzial der eigenen Vertreibungserinnerung auf die Herausforderungen der Gegenwart zu übertragen.[39] Diese spezifische Prägung kann erhebliches Unverständnis in einer anderen Öffentlichkeit, beispielsweise der britischen, hervorrufen: der britische Politologe Anthony Glees bemerkte im Spätsommer 2015, dass Deutschland sich als «Hippie-Staat» verhalte, der «nur von Gefühlen geleitet wird.»[40] Dass für Bundeskanzlerin Merkel und ihre Fürsprecher weniger Hippie-Gefühle als eher die Vertreibungserinnerung ein Motiv gewesen sein dürfte, sollte an diesem Abschnitt deutlich werden.

2.3 Modernes Asylrecht und rechtliche Aspekte von Migration

Die in den vorangegangenen beiden Abschnitten thematisierte Fluchtsituation in Europa nach dem Zweiten Weltkrieg spielte eine wichtige Rolle für die Genese des modernen Asylrechts. Die oben vorgenommene Unterscheidung von Flucht und Migration ist für die folgende Darstellung der Rechtsgrundlagen zentral: Zur Gewährung von Asyl muss ein Flüchtling seine Verfolgung nachweisen – andernfalls gilt er als Migrant, der kein Asyl genießt und entweder auf ein Arbeitsvisum oder auf Duldung hoffen muss. Im Folgenden stelle ich die Grundlagen internationalen und nationalen Asylrechts vor allem anhand der Genfer Konvention, aber auch anhand zusätzlicher Rechtsnormen wie Menschenrechtsabkommen oder Rahmenabkommen wie z. B. den Dublin-Verordnungen dar. Die Grundspannung zwischen Rechtsprinzipien einerseits und politischer Anwendung andererseits ist konstitutiv für das Völkerrecht – dies wird im Asylrecht als Bestandteil des Völkerrechts deutlich. Nach der breiteren Ausführung des modernen Asylrechts folgt ein knapperer Abschnitt zur rechtlichen Regelung der europäischen Migrationspolitik, um schließlich die generellen rechtlichen Entwicklungen zu bilanzieren.

Die Grundlagen des modernen Asylrechts wurden nicht nur in Deutschland, sondern weltweit in Reaktion auf die Verbrechen des Nationalsozialismus entwickelt. Die Ermordung und Vertreibung von Millionen Menschen führte zu einer Ohnmachtserfahrung, die ein neues Rechtsbewusstsein entstehen ließ. Dies zeigt sich an der entscheidenden asylrechtlichen Änderung, dass

---

[39] Vgl. Scholz, Vertreibungserinnerung, 41.

[40] Siehe «Wie ein Hippie-Staat von den Gefühlen geleitet». Anthony Glees im Gespräch mit Tobias Armbrüster, Deutschlandfunk, 08.09.15, www.deutschlandfunk.de/deutschland-und-die-fluechtlinge-wie-ein-hippie-staat-von.694.de.html?dram:article_id=330441 (zuletzt abgerufen: 05.04.17).

individuell durchsetzbare Rechtspositionen ermöglicht wurden.[41] Zunächst legte Artikel 13 der am 10. Dezember 1948 auf der UN-Generalversammlung verabschiedeten Allgemeinen Erklärung der Menschenrechte das Recht auf Emigration fest – zugleich wurde aber kein Recht auf Immigration in ein bestimmtes Land festgelegt. Für die weitere Rechtsentwicklung war Artikel 14 von zentraler Bedeutung. Darin heißt es: «1. Jeder hat das Recht, in anderen Ländern vor Verfolgung Asyl zu suchen und zu genießen. 2. Dieses Recht kann nicht in Anspruch genommen werden im Falle einer Strafverfolgung, die tatsächlich aufgrund von Verbrechen nichtpolitischer Art oder aufgrund von Handlungen erfolgt, die gegen die Ziele und Grundsätze der Vereinten Nationen verstoßen.»[42] Im Grundgesetz in der Fassung von 1949 formulierte Art. 16 Abs. 2 Satz 2 in ähnlicher Weise: «Politisch Verfolgte genießen Asylrecht.»[43]

Ausgehend von der Allgemeinen Erklärung der Menschenrechte wurde die Europäische Menschenrechtskonvention im November 1950 unterzeichnet,[44] nur einen Monat später wurde angesichts der weiterhin hohen Anzahl von Flüchtlingen in Europa der Hohe Flüchtlingskommissar der Vereinten Nationen durch die UN-Generalversammlung eingesetzt.[45] Damit verbunden war die Ausarbeitung der Genfer Flüchtlingskonvention vom 28.07.1951, die bis heute die zentrale Rechtsnorm des internationalen Asylrechts bildet.[46] Elementar ist hier zunächst die Definition eines Flüchtlings in Artikel 1: «Im Sinne dieses Abkommens findet der Ausdruck ‹Flüchtling› auf jede Person [...], die infolge von Ereignissen, die vor dem 1. Januar 1951 eingetreten sind, und aus der begründeten Furcht vor Verfolgung wegen ihrer Rasse, Religion, Nationalität, Zugehörigkeit zu einer bestimmten sozialen Gruppe oder wegen ihrer politischen Überzeugung sich außerhalb des Landes befindet, dessen Staatsangehörigkeit sie besitzt, und den Schutz dieses Landes nicht in Anspruch nehmen

---

[41] Vgl. Hendrik Cremer, Menschenrecht Asyl, in: APuZ 10–11, 2016, 40–44, hier: 41.

[42] UN, Resolution der Generalversammlung 10.12.1948, 217 A (III), Allgemeine Erklärung der Menschenrechte, www.un.org/depts/german/menschenrechte/aemr.pdf (zuletzt abgerufen: 05.04.17).

[43] Grundgesetz der Bundesrepublik Deutschland, https://www.bundestag.de/grundgesetz (zuletzt abgerufen: 05.04.17).

[44] Mit der Unterzeichnung der Europäischen Menschenrechtskonvention war auch die Gründung des Europäischen Gerichtshof (EuGH) verbunden, der mittlerweile die einheitliche Rechtsauslegung der EU-Staaten gewährleistet. Zudem ermöglicht der EuGH allen Bürgerinnen der Unterzeichnerstaaten, die teilweise auch nicht der EU angehören, ihre Klagen an den Gerichtshof zu richten. Vgl. dazu Benhabib, Die Rechte der Anderen, 19, Fn. 6.

[45] Vgl. Cremer, Menschenrecht Asyl, 41.

[46] Vgl. Peter Gatrell, 65 Jahre Genfer Flüchtlingskonventionen, in: APuZ 26–27/2015, 25–32.

kann oder wegen Befürchtungen nicht in Anspruch nehmen will [...].»[47] Nach diesen definierten Kriterien muss eine Antragstellerin die eigene Verfolgung nachweisen. Ein weiteres elementares Prinzip kommt im *non-refoulment*-Grundsatz zum Ausdruck, der in Artikel 33 festgelegt wird. Die Rückführung in Staaten, in denen schwere Menschenrechtsverletzungen drohen, wird somit verboten – zugleich ist dieses Verbot aber interpretationsoffen, da teilweise auch soziale und kulturelle Menschenrechte und damit eine wesentlich höhere Hürde zur Rückführung in Herkunftsstaaten angeführt werden.[48] Anhand der Artikel 1 und 33 zeigt sich: die Beweispflicht der Verfolgung liegt bei der Antragstellerin, die im Verfahren auf die staatliche Anerkennung des Asylstatus angewiesen ist. Zudem verpflichten sich die Vertragsstaaten dazu, Rechte im Hinblick auf die Erwerbstätigkeit und soziale Sicherheit zu gewähren.

Die Konvention war zunächst geografisch auf Europa und temporär auf eine Vertreibung vor dem 1. Januar 1951 definiert. Zielsetzung war es also, angesichts der Lage in Europa den Schutz von Flüchtlingen entweder durch *Repatriierung* in die Herkunftsländer oder *Naturalisierung* in den Ankunftsländern zu gewährleisten.[49] Die geografische und zeitliche Begrenzung wurde 1967 getilgt, allerdings blieben die Flüchtlingsdefinition und das *refoulment*-Verbot wie oben beschrieben bestehen. In der Genese der Genfer Flüchtlingskonvention war sich Colin Bell, ein führender Vertreter der Quäker in den USA, der Grenzen der Konvention bewusst: So betonte Bell, dass «die Konvention kein besonders nobles oder liberales Dokument ist», sie es aber bei Umsetzung werden kann: «da sie den hilflosesten, verzweifelten und ungeschützten Teilen der Menschheit elementare Menschenrechte zusichert.»[50]

Die unumgängliche Interpretationsoffenheit zeigte sich in der Folgezeit deutlich. Beispielsweise sprachen sich während der Jugoslawienkriege die USA und Großbritannien dagegen aus, die südosteuropäischen Asylsuchenden als Flüchtlinge nach der Genfer Konvention anzuerkennen und definierten sie stattdessen als Wirtschaftsmigranten.[51] In ähnlicher Weise wurde in der Debatte um den deutschen Asylkompromiss 1992 zwischen «Asylant» und

---

[47] UNHCR, Abkommen über die Rechtstellung der Flüchtlinge vom 28. Juli 1951 (In Kraft getreten am 22. April 195). Protokoll über die Rechtsstellung der Flüchtlinge vom 31. Januar 1967 (In Kraft getreten am 4. Oktober 1967), www.unhcr.de/fileadmin/user_upload/dokumente/03_profil_begriffe/genfer_fluechtlingskonvention/Genfer_Fluechtlingskonvention_und_New_Yorker_Protokoll.pdf (zuletzt abgerufen: 05.04.17).

[48] Vgl. Ott, Zuwanderung und Moral, 36.

[49] Vgl. dazu die Äußerung des involvierten Juristen Paul Weis, in: Paul Weis, The International Protection of Refugees, in: The American Journal of International Law, 48 (1954), 193–221, hier: 208.

[50] Colin Bell, Toward Human Rights for Refugees, in: AFSC Bulletin 12 (1951), 3.

[51] Vgl. Gatrell, Genfer Flüchtlingskonvention, 29.

«Wirtschaftsflüchtling» unterschieden.[52] Die Grundgesetzänderung von 1993 mit der Einfügung von Artikel 16a GG trug dieser Debatte Rechnung. Wesentliches Element des deutschen Asylrechts bleibt zwar im Sinne der Genfer Konvention, dass politisch Verfolgte einen gerichtlich durchsetzbaren Anspruch auf Asyl genießen. Faktisch kam es aber in Deutschland und insgesamt in Europa zu einer Erschwerung der Inanspruchnahme von Asyl.

Nichtsdestotrotz sind die Genfer Flüchtlingskonventionen für alle Staaten der Europäischen Union bindend; dies wurde in der Grundrechte-Charta von 2000 in Artikel 18 ausdrücklich erneuert. Als weiteres Ergänzungsabkommen tritt Artikel 20 der UN-Kinderrechtskonvention hinzu, die 1990 ratifiziert wurde: in diesem Artikel verpflichteten sich die Staaten, von der Familie getrennte Minderjährige besonders zu schützen.[53] Dies ist von besonderer Relevanz, da die Hälfte der 65 Millionen Flüchtlinge weltweit minderjährig sind. Im Vertrag über die Arbeitsweise der Europäischen Union (AEUV), der mit dem Vertrag von Lissabon 2009 aktualisiert wurde, findet sich schließlich eine weitere wichtige Rechtsgrundlage für die europäische Asylpolitik. Hier wird als Zielsetzung in Artikel 67 Absatz 2 klar formuliert, «dass Personen an den Binnengrenzen nicht kontrolliert werden, und entwickelt eine gemeinsame Politik in den Bereichen Asyl, Einwanderung und Kontrollen an den Außengrenzen, die sich auf die Solidarität der Mitgliedstaaten gründet und gegenüber Drittstaatsangehörigen angemessen ist. Für die Zwecke dieses Titels werden Staatenlose den Drittstaatsangehörigen gleichgestellt.»[54] Überdies bestätigt Artikel 78 des AEUV die Selbstbindung an das Genfer Abkommen 1951 sowie das Zusatzprotokoll 1967 zur Rechtsstellung der Flüchtlinge.

Gleichwohl zeigen sich bei der Umsetzung dieser Rechtsprinzipien in der EU erhebliche Probleme, wie vor allem der Blick auf das sogenannte Dublin-System zeigt. Die Dubliner Übereinkommen von 1990, 2003 und 2013 beabsichtigen eine stärkere Kooperation der EU-Staaten. Auf diese Weise soll sichergestellt werden, dass jedem Antragsteller ein Asylverfahren nach gemeinsamen europäischen Standards garantiert wird.[55] Hierzu wurde festgelegt, dass ein Asylgesuch allein in dem Land gestellt werden durfte, in das die Person nachweislich eingereist ist. Allerdings unterschieden sich die rechtlichen und institutionellen Bedingungen etwa in Dänemark und Italien erheblich, wenn dort rechtspopulistische Parteien mitregierten. Auch in Deutschland kam es zu einer Einschränkung des Anspruchs auf Asyl: wenn eine Asylsuchende über

---

52 Vgl. Klaus Bade, Zur Karriere abschätziger Begriffe in der Asylpolitik, in: APuZ 25/2015, 3–8, 6.
53 Vgl. Cremer, Menschenrecht Asyl, 44.
54 Vertrag über die Arbeitsweise der Europäischen Union (AEUV), http://eur-lex.europa.eu/legal-content/DE/TXT/HTML/?uri=CELEX:12012E/TXT&from=DE (zuletzt abgerufen: 05.04.17).
55 Vgl. Benhabib, Die Rechte der Anderen, 147f.

ein anderes Land der Europäischen Union in Deutschland einreist – was seit der Osterweiterung 2004 nur auf dem Flugweg möglich ist – ist kein Anspruch auf ein Asylverfahren möglich, da das EU-Einreiseland zuständig ist. Neben der Einreiseregelung werden auch Asylgesuche eines Staatsbürgers aus einem «sicheren Drittstaat» nicht angenommen.[56] Die Einstufung sicherer Drittstaaten obliegt den Nationalstaaten – in Deutschland erfolgt dies durch den Bundestag und Bundesrat, was zuletzt im September 2015 der Fall war. Die Bestimmung von Albanien, Kosovo und Montenegro als sichere Drittstaaten war umstritten; vermutlich hing sie mit der Aufnahme zahlreicher Flüchtlinge zusammen.

Insbesondere seit 2013 führte die Dublin-Verordnung zu einer starken Überlastung an den EU-Außengrenzen, vor allem in Italien und Griechenland, weshalb das Dublin-System letztlich kollabierte.[57] Nachdem lange Zeit nahezu ausschließlich Staaten an den EU-Außengrenzen Sorge für Asylgesuche tragen mussten, sorgte die zwischenzeitliche Aussetzung im Sommer 2015 für eine Entlastung der Außengrenzen und eine Übernahme von Asylsuchenden in Deutschland. Dies ändert allerdings nichts daran, dass die EU-Staaten bis heute keine Einigung über einen Verteilungsmechanismus von Flüchtlingen erzielen konnten. Die Debatte in Deutschland und in der EU zeigt, dass der politische Wille zur Gewährleistung des Schutzes von Asylsuchenden überaus gering ist.

Auch das Abkommen der EU mit der Türkei im März 2016 zeigt eine völkerrechtliche Grundspannung, wenn nicht sogar einen offenen Widerspruch: «Der Schutz der Flüchtlinge spiegelt die fortwährende Spannung zwischen internationalen Rechtsprinzipien auf der einen Seite und den gesetzlichen und politischen Mitteln, mit denen sie auf nationaler Ebene implementiert werden, auf der anderen Seite wider.»[58] Unter Berufung auf die Genfer Konvention ist nämlich umstritten, ob die durch das Abkommen intendierte Rückführung von Flüchtlingen aus Griechenland in die Türkei mit dem *non-refoulment*-Grundsatz vereinbar ist. Die Türkei ist zwar Unterzeichner, aber kein Vollmitglied der Konvention. Wesentlich problematischer sind die militärische Sicherung der türkisch-syrischen Grenze unter Schusswaffengebrauch gegen Flüchtende sowie die von der Türkei vorgenommene Rückführung von irakischen, afghanischen und syrischen Flüchtlingen. Unter diesen Gesichtspunkten verweigerte der UNHCR dem Abkommen der EU mit der Türkei im März 2016 die Zustimmung.[59] Auf Grund von Implementierungsproblemen wie diesen wurde

---

56 Vgl. Duden Recht A-Z. Fachlexikon für Ausbildung, Studium und Beruf, Art. Asylrecht, 48–54, Berlin ³2015.
57 Vgl. Cremer, Menschenrecht Asyl, 40.
58 Guy Goodwin-Gill & Jane McAdam, The Refugee in International Law, Oxford ³2007, 555.
59 Vgl. Gatrell, Genfer Flüchtlingskonvention, 30.

immer wieder nach der Relevanz der Genfer Flüchtlingskonvention gefragt. James C. Hathaway, ein internationaler Flüchtlingsrechtsexperte, sieht diese darin, «Flüchtlingen zu ermöglichen, unabhängige, autonome und aktive Mitglieder der Gemeinschaft zu werden, zu der sie fliehen. Sie enthält präzise eingebaute starke ökonomische und Freizügigkeitsrechte, die verhindern, dass Wohltätigkeit zur Norm wird.»[60] Dennoch zeigen sich Spannungen zwischen dem Interesse von Aufnahmestaaten, Migration mit eigenen sozioökonomischen Interessen abgestimmt zu steuern, und der Selbstverpflichtung der Staaten, Asylsuchenden Schutz zu bieten.

Wie einleitend erwähnt ist auch rechtlich zwischen Flucht und Migration, zwischen Asyl- und Einwanderungsrecht zu unterscheiden. Als zentrale Rechtsgrundlage für das europäische Einwanderungsrecht lassen sich die Artikel 79 und 80 AEUV heranziehen. Im Artikel 79 werden im ersten Absatz gemeinsame Standards zur Steuerung von legaler Einwanderung als Ziel formuliert. Der zweite Absatz weist dem Europäischen Parlament und Rat die Kompetenz zu, Gesetze mit qualifizierter Mehrheit zu erlassen. Konkretisiert wird diese Kompetenz auf Einreise- und Visastandards, Rechte von Drittstaatangehörigen, illegale Einwanderung und Bekämpfung von Menschenhandel. Von dieser Rechtsgrundlage ausgehend hat die Europäische Kommission im Mai 2015 unter steigendem Handlungsdruck die europäische Migrationsagenda veröffentlicht.[61] Hier wurden Leitlinien in vier Zielbereichen vorgeschlagen, die mittel- und langfristig die europäische Einwanderungspolitik bestimmen dürften: erstens sollen Anreize für illegale Einwanderung verringert werden; zweitens der Schutz der EU-Außengrenzen bei gleichzeitiger Rettung von Menschenleben und Wahrung der Sicherheit; drittens die Entwicklung eines handlungsfähigen Gemeinsamen Europäischen Asylstems und viertens mindestens die Bewertung, gegebenenfalls auch die Überarbeitung der Dublin-Verordnung.

Insgesamt zeigt sich in der jüngeren Geschichte eine Verschärfung des Asylrechts auf der einen Seite. Auf der anderen Seite führte die Einführung der Unionsbürgerschaft mit dem Vertrag von Maastricht 1992 zu einer erheblichen Erleichterung von Migration von europäischen Unionsbürgerinnen, indem allgemeine Freizügigkeit ermöglicht wurde. Zudem zeigte sich eine sukzessive Liberalisierung der Naturalisierung bzw. Einbürgerung von Staatsbürgern: so führte Deutschland neben vielen anderen Ländern, die in der Rechtstradition

---

[60] Interview with James Hathaway, in: International Affairs Forum, 1 (2016), www.ia-forum.org/Files/QNEMHW.pdf (zuletzt abgerufen: 05.04.17).

[61] Vgl. Céline Chateau, Einwanderungspolitik, in: Migration und Asyl: eine Herausforderung für Europa, Kurzdarstellungen zur Europäischen Union, 11–16. abrufbar unter: www.europarl.europa.eu/factsheets/de (zuletzt abgerufen: 05.04.17).

des *ius sanguinis* standen, im Januar 1999 mit dem neuen Einbürgerungsrecht ein mehr oder weniger liberalisiertes *ius soli* ein.[62] Während die Unionsbürgerschaft Migration in neuer Weise ermöglicht und Einbürgerungen erleichtert werden, wird die Zuwanderung aus Nicht-Mitgliedsstaaten erschwert. Flucht nach Europa wurde erschwert, Migration innerhalb von Europa erleichtert.

2.4 Begriffliche Klärungen: Moral, Recht und Politik

Der Blick auf gegenwärtige Statistiken hat gezeigt, dass die Zahl der gewaltsam Vertriebenen den höchsten Stand seit dem Zweiten Weltkrieg erreicht hat – allerdings haben die europäischen Staaten global gesehen in nur geringem Maße Asyl gewährt. Anders verhält es sich mit Migration, die in Abstimmung mit den Bedürfnissen der Arbeitsmärkte staatlich gesteuert wird und in den europäischen Staaten sehr ausgeprägt ist. Zugleich wird am Fluchtdiskurs in Deutschland deutlich, dass hier die Erinnerung an die Vertriebenen in Folge des Zweiten Weltkriegs eine prägende Rolle für die aktuelle Debatte spielt. Allen Bestrebungen nach Partikularisierung zum Trotz dominiert das politische Bemühen, diese Erinnerungen zu universalisieren und auf die Gegenwart zu übertragen. Im Asylrecht zeigt sich auf europäischer Ebene, dass die Rechtsauslegung der Genfer Konvention überaus umstritten ist und eher dahin tendiert, Asylgesuche zu erschweren. Parallel zu dieser Verschärfung wurde aber die Migration von Unionsbürgern und die Einbürgerung von bereits in der EU lebenden Drittstaatangehörigen erleichtert.

Es zeigt sich insgesamt also deutlich, dass moralische Prinzipien in zentralen Rechtstexten verbrieft wurden. Der moralische Universalismus, der in der Allgemeinen Erklärung der Menschenrechte in Reaktion auf die Geschehnisse des Zweiten Weltkriegs zum Ausdruck kam, prägte die weitere Rechtsentwicklung maßgeblich. Zugleich stehen die damit artikulierbaren Rechtsansprüche stets in Verbindung mit der jeweiligen politischen Debatte um Flucht und Migration. Die politisch-ethische Problemlage im Hinblick auf die Flüchtlingspolitik lässt sich insofern mit folgenden Fragen beschreiben: Wie können die moralische, die rechtliche und die politische Ebene konstruktiv aufeinander bezogen werden? Welche Zuständigkeit haben Moral, Recht und Politik als jeweilige Ebene? Wie müssen sie im Verhältnis zueinander bestimmt werden?

Wie die Frage bereits andeutet, unterscheide ich begrifflich zwischen Moral, Recht und Politik.[63] Einerseits soll diese Differenzierung im Verhältnis von

---

62 Vgl. Benhabib, Die Rechte der Anderen, 155.
63 Damit folge ich den Überlegungen Arnulf von Schelihas. Vgl. Scheliha, Migration in ethisch-religiöser Reflexion, 85.

Moral und Recht einer Überprüfung dienen: wenn demokratisch gewählte Mehrheiten etwa Gesetze beschließen, die Asylsuchenden den Zutritt verwehren, hilft die Unterscheidung, Gesetze moralisch zu überprüfen.[64] Ist damit also eine mögliche Spannung zwischen Moral und Recht benannt, kann andererseits ein kooperatives Verhältnis bestehen: «Grund- oder Menschenrechte sollen die Voraussetzungen für die Autonomie und Freiheit des Einzelnen schaffen; daher hat jedes moralische Subjekt ein fundamentales Recht auf Rechtfertigung.»[65] Im kantischen Sinne begründet die Moral also die Autonomie des Einzelnen, wofür das Recht die Bedingung der Möglichkeit bildet und weshalb eine moralische Verpflichtung zu Rechtsloyalität besteht. Die Funktion des Rechts besteht also darin, Allgemeingültigkeit und formale Gegenseitigkeit zu gewährleisten: «Eine jede Handlung ist *recht*, die oder nach deren Maxime die Freiheit der Willkür eines jeden mit jedermanns Freiheit nach einem allgemeinen Gesetze zusammen bestehen kann.»[66] Rechtliche Allgemeingültigkeit kann moralisch gewendet als Universalität bezeichnet werden – demzufolge müssen alle Menschen Anspruch auf ein transparentes und allgemeingültiges Rechtsverfahren haben.[67]

Doch sind weder Moral noch Recht schlicht statisch, sondern zeitgebunden und stets von politischen Auseinandersetzungen um die Auslegung geprägt. Insbesondere der Abschnitt zum modernen Asylrecht hat gezeigt, wie sehr Rechtsauslegung und politische Entwicklungen dynamisch interagieren. Beim Verhältnis von Politik zu Moral ist im Sinne Kants der «moralische Politiker», ob als Bürger oder politischer Repräsentant, gefragt: dieser versucht, moralischen Prinzipien mit seinem politischen Handeln Rechnung zu tragen. Dagegen missbraucht der «politische Moralist» moralische Prinzipien, indem er eine politische Entscheidung ideologisiert.[68] Die viel zitierte Unterscheidung

---

64 Vgl. Benhabib, Die Rechte der Anderen, 27.

65 Benhabib, Die Rechte der Anderen, 133.

66 Immanuel Kant, Grundlegung zur Metaphysik der Sitten, in: Wilhelm Weischedel (Hg.), Immanuel Kant. Werke in sechs Bänden, Bd. IV: Schriften zur Ethik und Religionsphilosophie, Leipzig [8]2016, 11–102, hier: 98.

67 Vgl. Benhabib, Die Rechte der Anderen, 133.

68 Das Originalzitat in Kants Friedensschrift lautet: «Ich kann mir zwar einen moralischen Politiker (der die Politik nach der Moral) aber auf keine Weise einen politischen Moralisten (der die Moral nach der Politik vorschreibt) denken und obgleich den Übertretungen welche bei [innerer Verkehr] im Allgemeinen auf das was Recht ist gegründeter Maxime doch der Neigung dann und wann obgleich ungern Ausnahmen erlauben allenfalls zur Gnade der Verzeihung vor dem höchsten Gericht Hoffnung gegeben werden könnte so ist doch diejenige welche die Idee der Pflicht selbst vorsetzlich verfälscht oder als Pedanterei verachtlich macht eine so ungeheure Verletzuung (iniura atriox) der obersten in uns Gesetz gebenden Gewalt daß sie für die einzige gehalten werden muß die soweit wir urteilen können weder in dieser

Max Webers zwischen Gesinnungs- und Verantwortungsethik, die auf Kants Definition aufbaut, darf also nicht zu einer Vereinseitigung in die eine oder andere Richtung führen. Im Hinblick auf die gegenwärtige Debatte zeigen sich gerade solche Vereinseitigungen im Sinne «pseudoethischer Rechthaberei, also des Verlästerungs- und Verketzerungsbedürfnisses gegen die Gegner»[69], die auf einen von Kant kritisierten «politischen Moralismus» zurückzuführen sind. Auch wenn der Vorwurf eines solchen Moralismus meist von rechts nach links geäußert wird, lässt er sich im Sinne Kants in beide Richtungen ausmachen: Das rechtskonservative Lager nivelliert unter Ausweitung des Begriffs «Wirtschaftsflüchtlinge» ernstzunehmende Fluchtgründe, während andererseits die Parole «Refugees Welcome» dazu tendiert, jegliche Migrationsgründe auszublenden.

Dagegen müssen Fluchtgründe Rechtsstaaten stärker in die Pflicht nehmen als Migrationsgründe. Das Recht muss diese Unterscheidung in einem transparenten Verfahren leisten. Moralische Begründung, rechtliches Verfahren und politische Auseinandersetzung sind im Sinne einer Weiterentwicklung der Rechte der Anderen in ein Verhältnis unterschiedener und kooperativer Zuständigkeit zu setzen. Im Bewusstsein der Charakteristika von Moral, Recht und Politik möchte ich im nächsten Kapitel zeigen, wie die hier vorgenommene Differenzierung und die Struktur dynamischer Interaktionen der jeweiligen Ebenen die Zuständigkeiten präzisieren können.

---

noch in einer künftigen Welt vergeben werden kann.]» Immanuel Kant, Zum ewigen Frieden (1795). Ein philosophischer Entwurf, in: Wilhelm Weischedel (Hg.), Immanuel Kant. Werke in sechs Bänden, Bd. VI: Schriften zur Anthropologie, Geschichtsphilosophie, Politik und Pädagogik, Leipzig [8]2016, 191–251, hier: 232. Vgl. dazu auch Benhabib, Kosmopolitismus ohne Illusionen, 74f.

[69] Max Weber, Politik als Beruf, München 1919, 62.

3. Die Rechte der Anderen

Migration, Flucht und Asyl betreffen die Grenzbereiche des Politischen, in denen die Rechte der Anderen besonders verletzlich sind.[70] Während Staaten den Schutz der eigenen Staatsbürgerinnen gewährleisten, ist die Zuständigkeit für den Schutz von staatsfremden Flüchtlingen und Migrantinnen oft ungeklärt. Im Hinblick auf die damit verbundene Frage nach politischer Zugehörigkeit zeigt sich eine Diskrepanz zwischen den universalistischen Versprechen der Erklärung der Menschenrechte und dem nicht tatsächlich gewährleisteten Schutz.[71] Wie kann diese Diskrepanz überwunden werden? Welche Prinzipien können zur Begründung von Grenzen und zur Einbeziehung von Zuwanderinnen in das politische Gemeinwesen herangezogen werden?

Üblicherweise wird Flucht und Migration als Thema globaler Gerechtigkeit verhandelt.[72] Allerdings beschränken sich die entsprechenden kosmopolitischen Gerechtigkeitstheorien in der Regel auf Fragen der globalen Verteilungsgerechtigkeit: Migration wird dann entweder als Instrument zur Angleichung der globalen Lebensverhältnisse aufgefasst oder Migration gilt als nicht ideal, da sie in einer gerechten Welt überflüssig würde.[73] Um der Faktizität von Zuwanderung in einer globalisierten Welt Rechnung tragen zu können, stehen in diesem Abschnitt aber vor allem Fragen der Zugehörigkeitsgerechtigkeit im Fokus. Im Zuge der Globalisierung wächst die Bedeutung sub- und transnationaler Akteure auf der einen Seite – auf der anderen Seite dominiert in der

---

[70] Vgl. Benhabib, Die Rechte der Anderen, 13.

[71] Vgl. Benhabib, Kosmopolitismus ohne Illusionen, 45.

[72] Vgl. Jan-Christoph Heilinger & Thomas Pogge, Globale Gerechtigkeit, in: Julian Nida-Rühmelin u. a. (Hg.), Handbuch Philosophie und Ethik, Bd. II: Disziplinen und Themen, Paderborn 2015, 304–311.

[73] Zur Nachzeichnung der ersten Position vgl. Ott, Zuwanderung und Moral, 42–51; für die zweite Position, die prominent von Rawls vertreten wurde vgl. Matthias Hoesch, Allgemeine Hilfspflicht, territoriale Gerechtigkeit und Wiedergutmachung: Drei Kriterien für eine faire Verteilung von Flüchtlingen – und wann sie irrelevant werden, in: Thomas Grundmann & Achim Stephan (Hg.), «Welche und wie viele Flüchtlinge sollen wir aufnehmen?»: Philosophische Essays, Stuttgart 2016, 15–29, hier: 22f. Benhabib kritisiert, dass Rawls von einem nationalistischen und damit statischen Volksbegriff ausgeht, weshalb in einer gerechten Welt sich jeweils achtende Völker die Migration zum Stillstand bringen würden. Finanzielle Umverteilung ist dann das Instrument, um diesen Zustand zu erreichen. Benhabib weist darauf hin, dass dies weder philosophisch noch soziologisch haltbar ist, was zum fulminanten Fazit führt: «Der rawlsianische Ansatz zeugt nicht von liberaler Toleranz, sondern von liberaler Ignoranz. Die betreffenden methodologischen Annahmen bestärken nämlich ein liberal-nationalistisches Verständnis der Welt internationaler Beziehungen.» Siehe dazu: Benhabib, Kosmopolitismus ohne Illusionen, 105–109, hier: 109.

Einwanderungspolitik das Paradigma der nationalstaatlichen Territorialität: «Während sich das Terrain, auf dem wir uns bewegen, also die globale Staatengemeinschaft, verändert hat, ist unsere normative Landkarte die alte geblieben.»[74] Eine neue normative Landkarte lässt sich zwar nicht am Reißbrett zeichnen, allerdings sollen im Folgenden theoretische Ansätze zur Bearbeitung konstitutioneller und politischer Herausforderungen ergründet werden.

Am Beispiel von Flucht und Migration wird das für den modernen Pluralismus charakteristische Problem deutlich, dass konkurrierende Konzeptionen des Guten bestehen. Zum einen gibt es in Wohlstandsgesellschaften beispielsweise Befürworter kultureller Einheitlichkeit, denen andere gegenüberstehen, die für kulturelle Diversität als Bereicherung argumentieren. Zum anderen ist aber auch strittig, inwieweit eine Verpflichtung gegenüber potenziellen Asylsuchenden oder Migrantinnen besteht. Die diskursethische Perspektive wendet sich dem Thema Flucht und Migration daher nicht güter-, sondern pflichtenethisch zu.[75] Damit treten Fragen des Rechts in den Vordergrund. Im Hinblick auf das Problem politischer Zugehörigkeit ist aus diskursethischer Perspektive ein «differenzempfindlicher Universalismus» der Beteiligten gefordert, der den Anderen «in seiner Andersheit»[76] einbezieht und somit nicht vereinnahmt. Daraus ergibt sich ein universalistischer Standpunkt, der als Pflicht formuliert: «[…] nur die Normen dürfen Gültigkeit beanspruchen, die in praktischen Diskursen die Zustimmung aller Betroffenen finden könnten.»[77] Insofern darf sich der moralische Diskurs nicht allein auf die Staatsbürgerinnen innerhalb nationaler Grenzen beschränken, sondern muss zugleich potenzielle Einwanderer als Andere einbeziehen.[78]

Prinzipiell bildet die Achtung der Autonomie aller Betroffenen einen diskursethischen Grundsatz, der sich auf Einheimische wie Fremde bezieht. Da-

---

[74] Benhabib, Die Rechte der Anderen, 18.

[75] Der kantisch konturierte Entwurf einer vernunftbasierten Pflichtenethik soll vor allem das Problem der mangelnden Allgemeinverbindlichkeit lösen. Der damit verbundene Fokus auf Regeln stellt zugleich die Frage, wie es statt einer «Ohnmacht des Sollens» zu gewollten Handlungen kommen kann. Meines Erachtens kann die theologische Ethik konstruktiv auf diese Übersetzung von Pflicht zu Gut, klassischer formuliert: von Gebot zu Handlung, hinwirken. Dies konkretisiere ich im vierten Abschnitt. Vgl. zum Verhältnis von Pflicht- zu Güterethik Reiner Anselm, Art. Güter – Güterlehre, in: ders. & Ulrich Körtner (Hg.), Evangelische Ethik kompakt. Basiswissen in Grundbegriffen, Gütersloh 2015, 80–87.

[76] Jürgen Habermas, Art. Diskursethik, in: Julian Nida-Rühmelin u. a. (Hg.), Handbuch Philosophie und Ethik, Bd. II: Disziplinen und Themen, Paderborn 2015, 74–78, hier: 75.

[77] Habermas, Diskursethik, 76.

[78] Vgl. Benhabib, Die Rechte der Anderen, 25.

mit dieser Grundsatz aber nicht allein abstrakt bleibt, ist moralischer Universalismus mit politischem Partikularismus in Verbindung zu setzen, um einem rechtlich beanspruchbaren Universalismus näher zu kommen.[79] Hierbei zeigen sich allerdings erhebliche Spannungen zwischen moralischen Verpflichtungen, die sich entweder *partikular* auf nationalstaatliche Gemeinschaften oder *universal* auf die Menschheit beziehen.[80] Diese Spannungen dürfen aber nicht zu einer Diastase zwischen Universalität und Partikularität führen: anders als realismusaffine oder postmoderne Skeptikerinnen, die moralische Motivationen in der Politik bestreiten, anders auch als Kommunitaristen, die Moral als Bestandteil einer abgeschlossenen Gemeinschaft allein partikular auffassen, beansprucht der diskursethische Ansatz, zwischen universeller Moral und partikularer Politik vermitteln zu können.[81] Der Aufbau einer postnationalen Gemeinschaft, die demokratisch legitimiert einer universellen Moral der Menschenrechte dient, ist insofern ein zentrales diskursethisches Anliegen.

Befassen sich die ersten beiden Abschnitte des Kapitels eher mit der Zulassung von Zuwanderung an den Grenzen eines Staatswesens, beschäftigen sich die folgenden Abschnitte verstärkt mit Möglichkeiten der politischen Beteiligung von Zuwanderern innerhalb eines Staatswesens. Mit anderen Worten möchte ich «[...] die Dokumente globalen öffentlichen Rechts und die Rechtsfortschritte in Menschenrechtsabkommen ohne allzu viel utopisches Getöse nüchtern nutzen, um den Aufbau gegenhegemonialer transnationaler Bewegungen zu unterstützen, die in einer Vielzahl von ineinandergreifenden *demokratischen Iterationen* Rechte grenzüberschreitend einfordern, und um die Neuerfindung und auch Wiederaneignung wertvoller Normen zu ermöglichen, die nicht nur gefördert wurden, sondern oft auch missverstanden und missbraucht worden sind.»[82]

---

[79] Der hier verwendete Begriff Universalismus grenzt sich von einer naturrechtlichen Begründung der Menschenrechte ab: «Er verweist nicht auf ein uns gemeinsames menschliches Wesen oder eine menschliche Natur, die wir alle besitzen. Universalismus bezeichnet vielmehr die Erfahrung, dass sich trotz, aber auch durch Verschiedenheit, Konflikte, Brüche und Kämpfe Gemeinsamkeit herstellt.» Benhabib, Kosmopolitismus ohne Illusionen, 64. Politische Auseinandersetzungen und die Transformationsfähigkeit des Rechts rücken damit in den Blick gegen essentialistische naturrechtliche Annahmen, denen zufolge moralische Prinzipien unveränderbar sind und beispielsweise von einem Lehramt bewacht werden müssen. Gegen rechtspositivistische Annahmen besteht die diskursethische Perspektive aber auf der Annahme, dass zwischen transzendenten Normen und dem demokratischen Mehrheitswillen vermittelt werden kann. Vgl. dazu Benhabib, Kosmopolitismus ohne Illusionen, 186.

[80] Vgl. Benhabib, Die Rechte der Anderen, 26.

[81] Vgl. Benhabib, Kosmopolitismus ohne Illusionen, 23.

[82] Benhabib, Kosmopolitismus ohne Illusionen, 41.

3.1 Menschenrechte, Staatsbürgerschaft und das Recht auf Gastfreundschaft

Das als *westfälisches Modell* bekannte Prinzip der Territorialität existiert nicht mehr in der klassischen Weise. Für dieses Modell ist der Grundsatz von Volks- und Staatssouveränität charakteristisch: einerseits ist das als *demos* konzipierte Volk Urheber der eigenen Gesetze, andererseits übt es unangefochten die Jurisdiktion über das eigene Territorium und die darin lebenden Staatsbürger aus.[83] Damit verbunden ist die Überwachung der Ein- und Ausreise als ein zentrales Instrument staatlicher Souveränität. An Flucht und Migration zeigt sich aber, dass weder volle nationalstaatliche Kontrolle der Grenzen noch ein realisiertes Weltstaatsbürgertum bestehen, stattdessen verschränken sich jeweilige Elemente miteinander: Das Bekenntnis von Nationalstaaten zu den Menschenrechten und die Wahrung staatlicher Souveränität bilden oft nicht nur ein Spannungsverhältnis, sondern sogar einen offenen Widerspruch.[84]

Für das postwestfälische Modell entscheidend ist die internationale Rechtsentwicklung, durch die eine internationale Menschenrechtsordnung das nationalstaatliche Handeln rahmt und beeinflusst. Dies zeigt sich an drei Bereichen, die allesamt miteinander zusammenhängen: erstens hatte der Begriff *Verbrechen gegen die Menschlichkeit*, der juristisch in den Nürnberger Kriegsverbrecherprozessen erstmals angewendet wurde, zur Folge, dass das Verhalten von Privatpersonen an der internationalen Norm der Menschenrechte geprüft wurde.[85] Staatsvertreter konnten sich also nicht auf ihre Pflichterfüllung innerhalb eines Nationalstaats berufen, wenn sie damit die Menschenrechte missachteten. In Weiterentwicklung davon führte zweitens der Begriff der *humanitären Intervention* dazu, dass bei Missachtung der Menschenrechte die staatliche Souveränität eingeschränkt wurde, so beispielsweise die des serbischen Staats im Kosovo-Krieg 1999.[86] Drittens definierten die Menschenrechte und die Genfer Flüchtlingskonvention einen *individuell vertretbaren Rechtsanspruch* gegenüber Staaten. Die drei Rechtsentwicklungen zeigen: «Einem der Grundpfeiler der ‹westfälischen› Souveränität, nämlich der ultimativen Herrschaft des Staates über alle Subjekte und Objekte auf seinem Territorium, ist durch das internationale Recht die Legitimation entzogen worden.»[87]

Diese Rechtsentwicklung verdankt sich in erheblichem Maße der philosophischen Vorarbeit Kants, insbesondere seinem Essay *Zum ewigen Frieden*

---

[83] Vgl. Benhabib, Kosmopolitismus ohne Illusionen, 178.
[84] Vgl. Benhabib, Die Rechte der Anderen, 14.
[85] Vgl. Benhabib, Die Rechte der Anderen, 20.
[86] Vgl. Benhabib, Die Rechte der Anderen, 21.
[87] Benhabib, Die Rechte der Anderen, 23.

(1795). Im Hinblick auf gegenwärtige Entwicklungen helfen Kants Überlegungen, strukturelle Spannungen und Widersprüche zwischen universalistischen und republikanischen Souveränitätsidealen zu verstehen.[88] Die Friedensschrift Kants unterscheidet zwischen drei Rechtsebenen: «[...] das staatliche Recht bzw. ‹*Staatsrecht*›, das für die Verhältnisse im Inneren des Staats gilt; das ‹*Völkerrecht*›, das die Beziehungen zwischen souveränen Staaten regelt; und das ‹*Weltbürgerrecht*›, das die Beziehungen zwischen Menschen und ausländischen Staaten betrifft.»[89] Bezogen auf Zuwanderung zeigen sich die Kernprobleme auf der dritten Rechtsebene des *ius cosmopoliticum*, da hier auch über 200 Jahre später noch strittig ist, welchen Rechtsstatus ein jeder Mensch als Weltbürger inne hat und wie er zu behandeln ist.

Kants aufklärerisches Interesse am ewigen Frieden unter den Staaten zeigt sich in den drei Definitivartikeln, die den drei benannten Rechtsebenen korrespondieren. Mit der Unterscheidung dieser Ebenen spricht sich Kant ausdrücklich für einen kosmopolitischen Föderalismus und nicht für eine Weltrepublik aus. Sich achtende, souveräne und demokratische Staaten sind also sehr viel besser als eine autoritäre Weltrepublik in der Lage, das jedem Menschen eigene Weltbürgerrecht zu schützen. Die Definitivartikel lauten erstens für die innerstaatliche Ebene: «Die bürgerliche Verfassung in jedem Staate soll republikanisch seyn.»; zweitens auf internationaler Ebene: «Das Völkerrecht soll auf einem Föderalism freier Staaten gegründet seyn.» und schließlich drittens auf kosmopolitischer Ebene: «Das Weltbürgerrecht soll auf Bedingungen der allgemeinen Hospitalität eingeschränkt seyn.»[90] Im wenig beachteten dritten Definitivartikel der viel gelesenen Friedensschrift merkt Kant nachdrücklich an, dass es sich bei Hospitalität nicht um Wohltätigkeit in philanthropischer Hochstimmung, sondern um ein beanspruchbares Recht handelt.[91] Bezogen auf gegenwärtige Herausforderungen ist dies der rechtspopulistischen Kriminalisierung von Zuwanderern deutlich entgegen zu halten, zudem ist auch eine humanistische Selbstbeweihräucherung fehl am Platz: «[...] unter der Hospitalität ist keine Tugend des Umgangs zu verstehen, wie die Freundlichkeit und Großzügigkeit, die man vielleicht Fremden erweisen mag, die ins Land kommen und durch Umstände gleich welcher Art auf die Freundlichkeit anderer

---

88 Vgl. Benhabib, Die Rechte der Anderen, 51.
89 Katrin Flikschuh, Kant and the Modern Political Philosophy, Cambridge 2000, hier: 184, Hervorhebungen LM.
90 Kant, Zum ewigen Frieden, 204–217.
91 Vgl. Kant, Zum ewigen Frieden, 213.

angewiesen sind. Hospitalität ist vielmehr ein Recht, das allen Menschen zukommt, insoweit wir diese als potentielle Teilnehmer einer Weltrepublik betrachten.»[92]

Allerdings schränkt Kant ein, dass es sich nicht um ein Gastrecht handelt: Anspruch auf Seite der Zuwanderer besteht nur auf ein Besuchsrecht, «welches allen Menschen zusteht, sich zur Gesellschaft anzubieten, vermöge des Rechts des gemeinschaftlichen Besitzes der Oberfläche der Erde, auf der, als Kugelfläche, sie sich nicht ins Unendliche zerstreuen können, sondern endlich sich doch neben einander dulden zu müssen, ursprünglich aber niemand an einem Orte der Erde zu sein mehr Recht hat, als der andere.»[93] Das Besuchsrecht lässt sich also heranziehen für die Regelung des Umgangs mit Staatsangehörigen und Ausländern an den Grenzen des Gemeinwesens: es konkretisierte sich im *refoulment*-Verbot der Genfer Flüchtlingskonvention, das das Recht auf Emigration in Artikel 13 der Menschenrechte ergänzte. Das universelle Recht auf Gastfreundschaft nimmt ausgehend von Kants Konzeption die Unterzeichnerstaaten in die Pflicht, Asylsuchenden bei Lebensgefahr in jedem Fall Zuflucht zu gewähren – allein legitime Schutzerwägungen im Blick auf die eigenen Staatsbürger können diese Pflicht einschränken.[94] Dass äußerst umstritten ist, inwieweit diese Schutzerwägungen legitim sind, liegt auf der Hand: «Während also das Recht, Asyl zu suchen, als Menschenrecht gilt, bleibt die *Pflicht, Asyl zu gewähren*, der Entscheidungsfreiheit des nationalen Souveräns unterworfen.»[95] Dennoch hat Kant zur Entwicklung eines neuen, individuell beanspruchbaren Rechts auf Gastfreundschaft beigetragen.

Die Errungenschaft von Kants kosmopolitischer Konzeption ist also, dass mit dem *ius cosmopoliticum* eine Rechtsebene geschaffen wurde, die es Individuen ermöglicht, jenseits des Nationalstaates einen Rechtsanspruch einzufordern.[96] Angesichts der Konstellation im und nach dem Zweiten Weltkrieg, als massenhafte Ausbürgerungen von Juden durch das NS-Regime sowie die Flucht von Millionen Menschen einen solchen Anspruch jenseits der Hoheit hermetischer Nationalstaaten erforderten, wurden die Ideen Kants zum Aufbau einer internationalen Menschenrechtsordnung relevant. Nachdrücklich machte Hannah Arendt im US-amerikanischen Exil darauf aufmerksam, dass mit dem Verlust der Staatsangehörigkeit nicht allein der Verlust der Bürgerrechte, sondern der Verlust jeglicher Menschenrechte einherging.[97] Treffend beschrieb

---

[92] Benhabib, Kosmopolitismus ohne Illusionen, 27.
[93] Kant, Zum ewigen Frieden, 213f.
[94] Vgl. Benhabib, Die Rechte der Anderen, 45.
[95] Benhabib, Die Rechte der Anderen, 74.
[96] Vgl. Benhabib, Kosmopolitismus ohne Illusionen, 26.
[97] Vgl. Hannah Arendt, Wir Flüchtlinge. Mit einem Essay von Thomas Meyer, Stuttgart 2016.

Arendt die Nachkriegskonstellation: «Daß es so etwas gibt wie ein Recht, Rechte zu haben – und dies ist gleichbedeutend damit, in einem Beziehungssystem zu leben, in dem man auf Grund von Handlungen und Meinungen beurteilt wird – wissen wir erst, seitdem Millionen von Menschen aufgetaucht sind, die dieses Recht verloren haben und zufolge der neuen globalen Organisation der Welt nicht imstande sind, es wiederzugewinnen.»[98] Vor dem Hintergrund der Entrechtung von Millionen Menschen durch den Verlust der Staatsbürgerschaft war die Erinnerung an Kants moralischen Universalismus und damit an die Weltbürgerschaft besonders drängend: «Das moralische Recht des Fremden, bei der Einreise in ein anderes Land nicht als Feind behandelt, sondern auf eine gewisse Zeit geduldet zu werden, beruht auf diesem moralischen Gebot, die Rechte der Menschheit in der Person des Einzelnen nicht zu verletzen.»[99]

Insgesamt zeigt sich: Das neue, postwestfälische Modell von liberaler internationaler Souveränität beruht in Berücksichtigung der Friedensschrift nicht auf voller Autorität über das eigene Staatsterritorium, sondern auf der Selbstbindung an die zentralen Prinzipien der Menschenrechte, der Rechtsstaatlichkeit und der Demokratie.[100] Den Nationalstaaten kommt nun die Aufgabe zu, ihre Institutionen kooperativ auf diese Prinzipien auszurichten, was durch internationale Abkommen, aber mehr noch durch transnationale Staatengebilde wie der Europäischen Union gewährleistet werden kann. Staats- und Weltbürgerschaft fallen damit nicht auseinander, sondern werden durch das Recht auf Gastfreundschaft in Verbindung gesetzt. Ein transformierender Schritt von universell-moralischer zu bürgerrechtlich gesicherter Gleichheit wird so unternommen.

Allerdings bleiben Fragen in Bezug auf ein dauerhaftes Gastrecht offen, das Kant unter Verweis auf das temporäre Besuchsrecht ausschließt.[101] Gerade dauerhaft bleibende Zuwandererinnen stehen vor dem Problem, dass sie zwar geduldet, ihnen aber staatsbürgerliche Rechte weitgehend vorenthalten werden. Eine loyale Haltung zu ihrem Aufnahmestaat wird dadurch erschwert. Mit welchen Prinzipien demokratischer Souveränität das *ius cosmopoliticum* im

---

[98] Hannah Arendt, Elemente und Ursprünge totaler Herrschaft. Antisemitismus, Imperialismus, totale Herrschaft, München ⁴1995, 475f.

[99] Benhabib, Die Rechte der Anderen, 65.

[100] Vgl. Benhabib, Die Rechte der Anderen, 49.

[101] Auch wenn Benhabib Kants Ansatz rezipiert, kritisiert sie die Spannungen zwischen Gast- und Besuchsrecht. Ihr Ansatz zielt auf einen weitergehenden Rechtsanspruch von Migrantinnen, der auch ein dauerhaftes Gastrecht einschließt. Vgl. dazu Benhabib, Die Rechte der Anderen, 46f.

Falle von einem dauerhaften Aufenthalt zum Genuss von Bürgerrechten transformiert werden kann, werde ich im übernächsten Abschnitt zur jurisgenerativen Wirkung der Menschenrechte näher erläutern. Zuvor werde ich aber im folgenden Abschnitt in Abgrenzung von Forderungen nach offenen oder geschlossenen Grenzen für ein Konzept durchlässiger Grenzen argumentieren.

3.2 Durchlässige Grenzen

Wie kein anderes Thema dominierte die Grenzpolitik die politischen Debatten und Kampagnen in jüngerer Zeit, zuletzt mit Erfolg für Befürworter hermetischer Grenzen. Im philosophischen Diskurs steht auf der einen Seite der Kommunitarist Michael Walzer, der für ein Recht auf Ausschluss argumentiert, während radikal-liberale Vertreter sich für offene Grenzen aussprechen. Im Folgenden stelle ich zunächst die zentralen Argumente für offene Grenzen dar, um dann die kommunitaristische Gegenargumentation für ein Recht auf Ausschluss von Zuwanderern nachzuzeichnen. Abschließend komme ich zu einem Plädoyer für durchlässige Grenzen, womit ich offene wie hermetische Grenzen problematisiere. Dies konkretisiere ich am Dublin-System, um daran die Charakteristika des Plädoyers für durchlässige Grenzen herauszustellen.

Der prominenteste Befürworter für *open borders* ist der kanadische Philosoph Joseph Carens.[102] Carens übernimmt dafür die vertragstheoretischen Überlegungen aus der Theorie der Gerechtigkeit von John Rawls. Auch wenn Rawls sich auf eine abgeschlossene Gesellschaft und ihre Mitglieder, d. h. auf einen Nationalstaat, bezieht,[103] überträgt Carens Grundelemente aus dessen Gerechtigkeitstheorie auf die globale Ebene.[104] Ausgangspunkt bildet das Gedankenexperiment des Urzustandes, in dem alle Beteiligten von einem *Schleier des*

---

[102] Vgl. Joseph Carens, The Ethics of Immigration, Oxford 2013, bes. 225–254; vgl. dazu auch Joseph Carens, Fremde und Bürger. Weshalb Grenzen offen sein sollten, in: Andreas Cassee & Anna Goppel (Hg.), Migration und Ethik, Münster 2012, 23–46. Andreas Cassee hat die Carens-These in die deutsche Sprache übersetzt und dabei stärker auf kommunitaristische Einwände angepasst. Insofern werden Einschränkungen globaler Bewegungsfreiheit durch die Restriktion öffentlicher Ordnung, innerstaatliche VerteilungskOnflikte oder kulturelle Kontinuität akzeptiert. Dennoch bleibt Cassee bei einem prinzipiellen Plädoyer für offene Grenzen, das wie Carens die Gerechtigkeitstheorie Rawls auf die globale Ebene überträgt und darin auch kein konzeptionelles Problem sieht. Die Überlegungen zu «Migration im globalen Urzustand» führen dann unweigerlich zu globaler Bewegungsfreiheit. Vgl. dazu Cassee, Globale Bewegungsfreiheit, bes. 234–282, hier: 235.

[103] Vgl. John Rawls, Eine Theorie der Gerechtigkeit, Frankfurt/Main [12]2012, 21.

[104] Vgl. Carens, Joseph, Fremde und Bürger, 25.

Nichtwissens verhüllt sind und daher nicht wissen können, welche gesellschaftliche Rolle ihnen zugeteilt wird.[105] In diesem Urzustand ergeben sich folgende Gerechtigkeitsgrundsätze: «1. Jedermann soll gleiches Recht auf das umfangreiche System gleicher Grundfreiheiten haben, das mit dem gleichen System für alle anderen verträglich ist. 2. Soziale und wirtschaftliche Ungleichheiten sind so zu gestalten, daß (a) vernünftigerweise zu erwarten ist, daß sie zu jedermanns Vorteil dienen, und (b) sie mit Positionen und Ämtern verbunden sind, die jedem offen stehen.»[106]

Bezogen auf Migration argumentiert Carens, dass Ungleichheiten nur dann hinnehmbar sind, wenn sie zu einem allgemeinen Vorteil gereichen.[107] Die Vertragspartner sind also prinzipiell an der Möglichkeit globaler Bewegungsfreiheit interessiert, da sie unter dem Schleier des Nichtwissens auch mit einem Leben in ökonomisch benachteiligten Regionen rechnen müssen. Durch das Gedankenexperiment werden die Vertragspartner gewissermaßen automatisch zu Weltbürgern, da sie sich möglicherweise auch mit einer bestimmten Nationalität nicht identifizieren können.[108] Ausgehend vom Problem globaler Ungerechtigkeit kritisiert Carens Grenzkontrollen, da Wohlstandsstaaten damit in problematischer Weise ein Privileg verteidigen.[109] In Widerspruch zu den beiden oben zitierten Gerechtigkeitsgrundsätzen werden menschliche Freiheiten eingeschränkt und globale Ungleichheiten beibehalten.[110]

Carens ist bewusst, dass bei offenen Grenzen weitaus mehr Millionen von Menschen migrieren würden.[111] Daher schließt er auch mittelfristige Einschränkungen nicht aus: Vertragspartner würden im Schleier des Nichtwissens nämlich keine unbegrenzte Bewegungsfreiheit zulassen, wenn damit der Zusammenbruch des Staatenwesens verbunden wäre.[112] Gleichwohl ist die vollständige Einstellung von Grenzkontrollen das langfristige Ziel: zum einen wäre damit der menschenrechtliche Widerspruch gelöst, dass Artikel 13 ein

---

[105] Vgl. Rawls, Eine Theorie der Gerechtigkeit, 34–39.

[106] Rawls, Eine Theorie der Gerechtigkeit, 81.

[107] Dies entspricht dem sogenannten «Differenzprinzip» bei Rawls. Vgl. dazu Rawls, Eine Theorie der Gerechtigkeit, 70f.; Carens, Fremde und Bürger, 28f.

[108] Diese Annahme zeigt meines Erachtens besonders deutlich, wie in das vermeintlich abstrakte Gedankenexperiment unbewusst kulturelle Annahmen eingeführt werden. Vgl. Carens, Fremde und Bürger, 36.

[109] Vgl. Carens, Ethics of Immigration, 226.

[110] Carens, Ethics of Immigration, 230.

[111] Vgl. Carens, Ethics of Immigration, 228.

[112] Vgl. Carens, Fremde und Bürger, 32.

Recht auf Emigration festlegt, sich aber über ein Recht auf Immigration ausschweigt;[113] zum anderen wäre Migration ein wichtiger Beitrag zur Förderung globaler Gerechtigkeit.[114] Unklar bleibt indes, wie auf dem Weg zu der von Carens gesetzten Weltgesellschaft eine Vermittlung zwischen universaler Moral und partikularem Kontext gelingen soll. Die abstrakten vertragstheoretischen Überlegungen sind nicht im Stande, Spannungen zwischen nationaler, internationaler und kosmopolitischer Ebene zu analysieren.

Gegen offene Grenzen argumentiert als prominentester Vertreter der US-amerikanische Philosoph und Kommunitarist Michael Walzer, selbst Sohn jüdischer Migranten aus Osteuropa.[115] Offene Grenzen würden nicht, wie Carens annimmt, zu globaler Gerechtigkeit beitragen, sondern vielmehr zu lokalem Chaos: «Die Mauern des Staates niederreißen, heißt nicht […] eine Welt ohne Mauern zu schaffen, sondern vielmehr tausend kleine Festungen zu errichten.»[116] Nicht die von Grenzgegnerinnen viel kritisierte «Festung Europa» wäre dann das Problem, sondern einerseits eine «Welt radikal entwurzelter Menschen»[117] und andererseits die zahlreichen Festungen innerhalb Europas.[118] Ausgangspunkt der Argumentation ist also nicht ein abstrakt-universaler Urzustand, sondern eine gemeinsame Kultur: «Es ist dieses Verständnis, an das wir appellieren, auf das wir uns beziehen müssen mit unseren Argumenten, und zwar gilt dies für jeden von uns, nicht nur für die Philosophen; denn in Fragen der Moral ist jede Argumentation nichts anderes als ein Appell an allgemeingültigen Bedingungen, an ein *gemeinschaftliches* Verständnis von den Dingen.»[119] Damit bildet nicht die globale Ebene den Ausgangspunkt der Überlegungen, sondern die partikulare Ebene des jeweiligen kulturell konturierten Moralverständnisses.

---

[113] Diese Lesart ist möglich, aber unwahrscheinlich. Artikel 13 besagt: «Jeder Mensch hat das Recht auf Freizügigkeit und freie Wahl seines Wohnsitzes innerhalb eines Staates.» Allerdings bezieht sich dies in seiner ursprünglichen Form ganz sicher auf Freizügigkeit innerhalb eines Staatsgebildes, nicht auf globaler Ebene. Damit sind also ein Bürger- und kein Menschenrecht gemeint. Ähnlich wie in der Verwendung Rawlsscher Theorieelemente überträgt Carens ohne vermittelnde Zwischenüberlegungen von nationaler auf globale Ebene. Vgl. dazu Ott, Zuwanderung und Moral, 57. Anders als Ott, der offensichtliche Sympathien mit Walzer hegt, würde ich nicht diastatisch zwischen Bürger- und Menschenrechten unterscheiden. Während Walzer Menschenrechten gegenüber zu skeptisch ist, missachtet Carens den Unterschied zu Bürgerrechten vollends. Zur Rekonstruktion des komplexen Verhältnisses beider Normen zueinander siehe Abschnitt 3.3.

[114] Vgl. Carens, Ethics of Immigration, 232.

[115] Vgl. Michael Walzer, Sphären der Gerechtigkeit, Frankfurt/Main 1994, bes. 65–107.

[116] Walzer, Sphären der Gerechtigkeit, 75.

[117] Ebd.

[118] Vgl. Ott, Zuwanderung und Moral, 57.

[119] Walzer, Sphären der Gerechtigkeit, 61, Hervorhebung LM.

Moral ist demzufolge nicht universal, sondern partikular. Demzufolge ergibt sich für Nationalstaaten, dass sie als Clubs neue Mitglieder gleichermaßen aufnehmen wie ausschließen können: «Jedes Volk hat das Recht, über seine eigene kulturelle Zukunft zu bestimmen. Und dieses Recht auf kulturelle Selbstbestimmung schließt einen Anspruch der einzelnen Gesellschaften ein, darüber zu entscheiden, ob und in welchem Maß sie sich fremden kulturellen Einflüssen aussetzen wollen, indem sie ihre Grenzen für Einwanderungswillige öffnen.»[120] Dem nationalstaatlichen Club obliegt also das Recht, die Zuwanderung in der Form zu reglementieren, dass die eigene einheitliche Kultur bewahrt wird.[121] Dies erklärt auch, weshalb Walzer eine stärkere moralische Verpflichtung in der Aufnahme von «co-nationals»[122] sieht, da diese der eigenen Kultur näher sind. Zugleich spricht sich Walzer aber eindeutig für die Einbürgerung von Fremden, die bereits lange im Inland leben, und die damit verbundene Gewährung von Bürgerrechten aus.[123] Dies ändert allerdings nichts daran, dass er die kulturelle Einheitlichkeit des souveränen Volkes als das Gut sieht, das auch Ausschlüsse legitimiert: «Zulassung und Ausschluß sind der Kern, das Herzstück von gemeinschaftlicher Eigenständigkeit. Sie sind es, die der Selbstbestimmung ihren tieferen Sinn verleihen. Ohne sie gäbe es keine *spezifischen Gemeinschaften*, keine historisch stabilen Vereinigungen von Menschen, die einander in einer speziellen Weise verbunden und verpflichtet sind und die eine spezielle Vorstellung von ihrem gemeinsamen Leben haben.»[124]

Im Vergleich zu Carens zeigt sich also, dass Walzer sich im Rahmen seiner Gütertheorie auf das gemeinschaftliche Verständnis einer weitgehend einheitlichen Kultur beruft.[125] Damit wird allerdings übergangen, dass die Menschenrechte als universales Moralprinzip das politische und rechtliche Denken bereits prägen. Zudem ist Walzers Annahme eines «gemeinschaftlichen Verständnisses»[126] überaus fragwürdig angesichts des Pluralismus *innerhalb* zahlreicher Gesellschaften. Kulturelle Einheitlichkeit kann etwa bei abendländisch gesinnten Konservativen ein Gut sein, während andere kulturelle Diversität als Gut sehen und damit das Problem der «Unterfremdung»[127] geltend machen. Insofern

---

[120] A. Cassee, Globale Bewegungsfreiheit, 97.
[121] Vgl. Walzer, Sphären der Gerechtigkeit, 76.
[122] Walzer, Sphären der Gerechtigkeit, 78.
[123] Vgl. Walzer, Sphären der Gerechtigkeit, 106.
[124] Ebd.
[125] Vgl. Cassee, Globale Bewegungsfreiheit, 105.
[126] Walzer, Sphären der Gerechtigkeit, 106.
[127] Davor warnt Jan Delay im Track «Nach Hause» des 2016 erschienen Albums «Advanced Chemistry».

trifft Walzers Annahme einer abgeschlossenen Moral innerhalb einer Gesellschaft nicht zu; auch die Bezeichnung «kulturrelativer»[128] Moral ist fragwürdig. Auch wenn Walzer mit seiner Position dem Konzept durchlässiger Grenzen näherkommt als Carens, unterscheidet sich mein Verständnis davon. Mit Benhabib sehe ich Zuwanderinnen nicht aufgrund ihrer *kulturellen* Herkunft als eine Bedrohung. Eine erfolgreiche Integration erfolgt vielmehr durch die Verständigung auf gemeinsame *politische* Standards: «Kulturelle Traditionen bestehen aus Erzählungen, die dem Wandel durch Interpretation und Neudeutung, Aneignung und Subversion unterliegen. [...] Politische Integration hingegen hat mit den Praktiken und Regeln, Rechtstraditionen und institutionalisierten Gewohnheiten zu tun, mit deren Hilfe sich Individuen zu einer staatlichen Gemeinschaft zusammenschließen.»[129] Daher ist das Augenmerk auf die *Legitimität* der Rechtsinstitutionen zu legen, nicht auf kulturelle *Uniformität*. Entscheidende Normen sind die Menschen- und Bürgerrechte, die in demokratischen Wahlen, entsprechenden Debatten und Repräsentationen eingeübt werden. Einheimische Bürger sowie im Inland lebende Ausländer müssen eine loyale Rechtshaltung annehmen, um liberale Demokratien zu stabilisieren.[130] Aus diesem Grund ist auch beispielsweise eine Meldepflicht von muslimischen Zuwanderern, wie sie der gewählte US-amerikanische Präsident Donald Trump in populistischer Verzerrung kommunitaristischer Ideen gefordert hat, illegitim.

Durchlässige Grenzen müssen dagegen der Sicherung von Menschen- und Bürgerrechten, nicht der Stabilisierung kultureller Uniformität dienen. Daher muss das Asylrecht einer Mehrheitsentscheidung, etwa im Sinne der Schaffung einer «Obergrenze», entzogen bleiben. Asylsuchende müssen ein Recht auf Gastfreundschaft genießen und Anspruch auf ein Prüfungsverfahren geltend machen können. Das Dublin-System verfolgt insofern ein plausibles Anliegen: Die Delegierung von Zuständigkeiten sollte gemeinsame Rechtsstandards und die individuelle Prüfung der Asylanträge ermöglichen. Allerdings werden das Recht auf Gastfreundschaft wie auch der Anspruch auf ein Prüfungsverfahren durch mangelhafte Kooperation der EU-Mitgliedsstaaten nicht ausreichend gewährleistet. Vor allem angesichts des hohen Zuwanderungsdrucks, der auch

---

128 Cassee, Globale Bewegungsfreiheit, 108.
129 Benhabib, Die Rechte der Anderen, 121.
130 Vgl. Benhabib, Die Rechte der Anderen, 122. Davon ausgehend ist auch Bundeskanzlerin Merkel zuzustimmen, als sie auf dem CDU-Parteitag bemerkte: «Zur Wahrheit gehört [...], dass manche, die schon immer in Deutschland leben, ebenfalls dringend einen Integrationskurs benötigen.» Vgl. «2016 hat die Welt schwächer und instabiler gemacht». Angela Merkel auf dem CDU-Bundesparteitag, Zeit Online, www.zeit.de/politik/deutschland/2016-12/angela-merkel-cdu-parteitag-essen-wiederwahl-parteichefin-wahlkampf-2017 (zuletzt abgerufen: 05.04.17).

durch eine passive europäische Außenpolitik mitverursacht wurde, sind eine stärkere Abstimmung und eine faire Kontingentierung des Gemeinsamen Europäischen Asylsystems erforderlich.[131] Es wäre in der EU und der UNO in jedem Fall möglich, internationale Rechtsstandards besser zu koordinieren, um so eine gerechtere Behandlung von Asylsuchenden und auch Migrantinnen zu ermöglichen.[132]

Im Hinblick auf die Frage eines dauerhaften Bleiberechts ist aus diskursethischer Perspektive vor allem die demokratische Rechtsloyalität ein für Einheimische wie Fremde akzeptabler Grund.[133] Ist dies gegenüber Walzer geltend zu machen, so ist bei Carens die undemokratische Tendenz zu problematisieren: Der diskursethische Ansatz stimmt trotz der genannten Unterschiede darin mit dem der Kommunitaristen überein, dass die jeweiligen demokratischen Gegebenheiten einer lokalen Gemeinschaft nicht übergangen werden dürfen.[134] Ein Recht auf Ausschluss von Asylsuchenden ist weder ethisch noch rechtlich begründbar. Anders verhält es sich mit Migranten, deren Ausschluss aus diskursethischer Perspektive jedoch nicht kulturell, sondern allein rechtlich begründet werden darf. Allerdings müssen die Kosten für eine menschenwürdige Rückführung getragen werden; wichtig ist es auch, bereits in den Herkunftsländern für Transparenz hinsichtlich der Aufnahme oder der rechtlich legitimierten Ablehnung zu sorgen.

---

[131] Der Philosoph Matthias Hoesch argumentiert, dass für besonders wohlhabende und integrationsfähige Gesellschaften eine höhere Verpflichtung besteht als für andere. In dieser Perspektive ist auch legitim, dass Deutschland mit seinem ökonomischen Status und der Vertreibungserinnerung mehr Flüchtlinge aufnimmt. Fair hieße auf europäischer Ebene also, dass Ungleichheiten zugunsten einer gerechten Verteilung durchaus zu berücksichtigen sind. Für die zukünftige Migrationsherausforderung von Klimaflüchtlingen führt Hoesch an, dass mit einer höheren CO_2-Emmissionsrate eine höhere Kontingentierung angemessen wäre. Vgl. dazu Hoesch, Allgemeine Hilfspflicht, territoriale Gerechtigkeit und Wiedergutmachung, 15–29, hier: 22.

[132] Vgl. Benhabib, Kosmopolitismus ohne Illusionen, 231.

[133] Benhabib formuliert dies folgendermaßen: «Wenn du und ich einen moralischen Dialog miteinander führen und ich im Gegensatz zu dir ein Angehöriger des Staates bin, dessen Staatsangehörigkeit […] du erwerben willst, dann müßte ich, um dir das zu verwehren, mit guten, für uns beide gleichermaßen akzeptablen Gründen nachweisen können, dass du dich unserer Gemeinschaft keinesfalls anschließen und einer von uns werden darfst.» Siehe Benhabib, Die Rechte der Anderen, 137. Ein universell akzeptabler Grund für einen möglichen Ausschluss wäre damit mangelnde Rechtsloyalität, die sich etwa durch Straftaten oder sonstige Gefährdungen manifestiert. Vgl. dazu auch die Kritik von Bauböck an Benhabibs mangelnder Thematisierung eines rechtlich begründeten Ausschlusses in Fn. 148 dieser Studie.

[134] Vgl. Benhabib, Die Rechte der Anderen, 127.

Insgesamt lässt sich also sagen: übereinstimmend mit dem prinzipiell universalen Ansatz bei Carens müssen Grenzen begründet und gerechtfertigt werden.[135] Diese werden aber anders als bei Carens und Walzer begründet: durchlässige Grenzen beinhalten ein Recht auf Gastfreundschaft, die Notwendigkeit staatlicher Handhabe sowie legitime rechtliche Regelungen auf inner- und zwischenstaatlicher Ebene.[136] Nach Überschreiten der Grenzen ist für die politische Integration von Zuwanderinnen in liberale Demokratien in erster Linie die Rechtsloyalität wichtig; diese hängt allerdings elementar mit dem Genuss von Bürgerrechten zusammen. An dieser Stelle wird die *jurisgenerative Wirkung* der Menschenrechte auf die Bürgerrechte relevant.

3.3 Die jurisgenerative Wirkung der Menschenrechte

In den vorangehenden Abschnitten habe ich das Recht auf Gastfreundschaft als Überbrückungsmöglichkeit der Spannungen und Widersprüche zwischen Menschen- und Staatsbürgerrechten rekonstruiert und damit Kriterien durchlässiger Grenzen benannt. In den folgenden Abschnitten möchte ich mit den Begriffen der *jurisgenerativen Wirkung* und der *demokratischen Iterationen* erklären, wie die kosmopolitischen Normen der Menschenrechte die Debatte um politische Zugehörigkeit anreichern und erweitern können. Der Begriff der *Jurisgenerativität* geht auf Robert Cover zurück und beschreibt, wie das Recht auf den ursprünglichen Sinn freigelegt und damit auf neue Anforderungen ausgeweitet wird.[137] Hierzu erläutere ich zunächst, wie bereits nationale Verfassungen und die aktuelle Rechtsentwicklung von kosmopolitischen Normen angereichert werden. Dies ist gegen jüngere Positionen, die Menschenrechte als Trojanisches Pferd und damit als Angriff auf die Volkssouveränität von Nationalstaaten auffassen, anzuführen. Die Praktiken diversifizierter Staatsbürgerschaft und europäischer Unionsbürgerschaft können als Anfänge einer grundrechtlichen Ausweitung und damit als *jurisgenerative Wirkungen* verstanden werden.

Für die im Zuge der Aufklärung entstandenen modernen Verfassungen ist charakteristisch, dass sie kosmopolitische Ideale durch die Auflistung von Grundrechten integrieren. Dies zeigen die frühen Verfassungen wie die *Bill of Rights* in den USA sowie die *Delcaration des droits de l'homme et du citoyen* in Frankreich. Davon beeinflusst finden sich auch im deutschen Grundgesetz die Grundrechte in den Artikeln 1–19 aufgelistet. Die Eigenart demokratischer

---

[135] Vgl. Benhabib, Die Rechte der Anderen, 26.

[136] Vgl. Benhabib, Die Rechte der Anderen, 44.

[137] Vgl. Robert Cover, Foreword: Nomos and Narrative, in: Harvard Law Review 4 (1983/1984), 4–68.

Legitimität besteht also darin, dass die Volkssouveränität sich an Grundrechte bindet, die üblicherweise als Menschenrechte bezeichnet werden.[138] Die Menschenrechte bilden somit ein Moralprinzip, das sich als Bürgerrecht in den Verfassungsordnungen konkretisiert. Durch Migration stellt sich aber die Frage, wie ein Volk sich konstituiert und wer als Mitglied die Verfassung teilt: «Demokratie bedeutet im Idealfall, dass alle Mitglieder eines souveränen Gemeinwesens in den Genuss der Menschenrechte kommen und in freier Verabredung eine selbstbestimmte Ordnung etablieren, in der jeder, für den die Gesetze gelten, zugleich auch ihr Autor ist.»[139] Wer Mitglied ist oder werden kann, ist in einer postwestfälischen Ordnung unklar geworden.

Auch wenn die Grundrechte als kosmopolitische Normen die Nationalverfassungen anreichern, ist der Status internationalen Rechts und transnationaler Rechtsabkommen in Europa und den USA zu einem umstrittenen Thema geworden.[140] Menschenrechtsnormen werden vor allem in rechtskonservativen Kreisen als Trojanisches Pferd kritisiert, das die Volkssouveränität unterwandert und aushöhlt. Während diese Argumentation verkennt, dass nationale Verfassung bereits auf Menschenrechtsnormen Bezug nehmen, besteht aber bei überschwänglichen Befürwortern kosmopolitischer Normen die Gefahr, eine lokale Kontextualisierung souveräner Völker zu übergehen.[141] Ebenso problematisch ist der Versuch, Menschenrechte und freie Marktwirtschaft zu eng miteinander zu verknüpfen. Insbesondere in ökonomisch schwächeren Staaten des globalen Südens besteht die Skepsis gegenüber den Menschenrechten, weil sie als Einfallstor für erzwungene Verwestlichung und kapitalistische Ausbeutung gesehen werden.[142]

Trotz dieser gegenläufigen Tendenzen ist eine demokratische Verrechtlichung kosmopolitischer Normen bereits real und weiterhin möglich: «Seit der Allgemeinen Erklärung der Menschenrechte findet eine Evolution der globalen Zivilgesellschaft statt, die durch einen Übergang von *internationalen* zu *kosmopolitischen* Normen der Gerechtigkeit charakterisiert ist. [...] Während

---

138 Vgl. Benhabib, Die Rechte der Anderen, 55.
139 Benhabib, Die Rechte der Anderen, 51.
140 Vgl. Benhabib, Kosmopolitismus ohne Illusionen, 123.
141 Humanitäre Interventionen wie in Afghanistan und im Irak gingen fatalerweise von der Möglichkeit einer militärischen Übernahme und autoritären Übergabe von Demokratie und Menschenrechten aus. Hierzu bemerkte der Verfassungsrechtler Christoph Möllers: «So wie man nicht einfach ein aufblasbares Parlament über Afghanistan abwerfen kann, um dort eine Demokratie einzurichten, genügt es auch nicht, auf irgendeiner Ebene demokratische Prozesse schlicht vorzuschreiben.» Christoph Möllers, Demokratische Ebenengliederung, in: Ivo Apel u. a. (Hg.), Öffentliches Recht im offenen Staat, Festschrift für Rainer Wahl, Berlin 2011, 759–778, hier: 769.
142 Vgl. Benhabib, Kosmopolitismus ohne Illusionen, 210.

Normen des internationalen Rechts aus Vertragspflichten hervorgehen, bei denen Staaten und deren Repräsentanten Unterzeichner des Vertrags sind, kommen kosmopolitische Normen den Individuen zu, die in einer weltweiten Zivilgesellschaft als moralische und juristische Personen aufgefasst werden.»[143] Menschenrechtsnormen können also nicht von Eliten auferlegt werden – sie müssen sich durch Interpretation und Streit um die Rechtsauslegung als Gerechtigkeit erweiternde Norm lokal bewähren. Im nichtidealen Zustand sind zwar *jurispathische Wirkungen* möglich, bei denen Menschenrechte missbraucht und gerade nicht zur Ausweitung der Rechte, sondern zu deren Einschränkungen gelangen.[144] Allerdings zeigt sich am Beispiel von Frauen oder ethnischen und religiösen Minderheiten, dass die Menschenrechtserklärungen und -verträge eine neue Artikulation von Gerechtigkeitsforderungen und die entsprechenden Einflussnahme in der Öffentlichkeit ermöglichen konnten.[145] Aus der ambivalenten Verfassungsformel «Wir, das Volk», nach der ein nationaler Souverän die Einhaltung der Menschenrechte gewährleisten soll, ergab sich so eine Bedeutungsverschiebung des verfassungskonstituierenden *demos*.[146] Frauen und insbesondere ethnische Minderheiten erkämpften ihre Anerkennung als Bestandteil des *demos*, sodass die Volkssouveränität jurisgenerativ angereichert wurde.[147] Während das westfälische Modell traditionell das *demos* mit dem *ethnos* verband und im ursprünglichen Sinne nicht für Frauen- und Minderheitenrechte offen gewesen wäre, ermöglicht die ethnische Differenzierung der Staatsbürger die Einbeziehung von Migranten in das verfassungsgebende *demos*.[148]

---

[143] Vgl. Benhabib, Kosmopolitismus ohne Illusionen, 137.

[144] Jurisgenerative Politik ist nicht teleologisch aufzufassen, insbesondere die jüngere Entwicklung zeigt besorgniserregende jurispathische Reflexe. In den USA und Europa kriminalisieren Populistinnen Migranten zunehmend und machen diese für ökonomische Probleme in Zeiten der globalen Finanzkrise verantwortlich. Auch das Minarettverbot in der Schweiz ist ein Beispiel jurispathischer Prozesse, da hier kultureller Essentialismus eine Einschränkung der Religionsfreiheit bedingt. Vgl. dazu Benhabib, Kosmopolitismus ohne Illusionen, 264.

[145] Vgl. Benhabib, Kosmopolitismus ohne Illusionen, 42.

[146] Vgl. Benhabib, Die Rechte der Anderen, 175.

[147] Im Blick auf die deutsche Debatte lässt sich die Ambivalenz jurisgenerativer und jurispathischer Wirkungen an der Protestformel «Wir sind das Volk» zeigen. Während die Proteste von 1989 sich gegen das autoritäre DDR-Regime richteten und menschenrechtlich, also jurisgenerativ, motiviert waren, bilden die Pegida-Proteste seit 2014 das jurispathische Gegenstück: in feindlicher Übernahme der Formel richtet sich das hier beanspruchte «Volk» deutlich sichtbar gegen Minderheiten-, bei genauerem Hinsehen auch gegen moderne Frauenrechte.

[148] Zu Recht problematisiert der Migrationsforscher Rainer Bauböck, dass trotz der prinzipiell zutreffenden Analyse Benhabibs der Ausdifferenzierung von *demos* und *ethnos* in pluralistischen Gesellschaft, das Recht auf politische Zugehörigkeit dennoch eine Abgrenzung eines Gemeinwesens erfordert, um die verschiedenen Lebensverhältnisse der Mitglieder integrieren zu

Jurisgenerative Wirkungen ermöglichen eine kosmopolitische Weitung von Verfassungen, die nicht nur normativ gewollt, sondern auch empirisch gezeigt werden kann. In Bezugnahme auf menschenrechtliche Dokumente bildet sich eine Vielzahl transnationaler Netzwerke und Akteure, die gegenüber Staaten neue Rechte einfordern und so die Agenda der Menschenrechte ausweiten.[149] Damit geht ein Verständnis der Volkssouveränität einher, das sich nicht auf die physische Präsenz eines Volkes in einem bestimmten nationalstaatlichen Territorium beschränkt, sondern zugleich eine transnationale Komponente inne hat, was einer politischen Gemeinschaft eine Öffnung für andere Mitglieder wie Migranten ermöglicht.[150] Dieser fluide Charakter transnationaler Volkssouveränität transformiert die staatliche Souveränität.[151] Insofern stehen Volkssouveränität und Menschenrechte nicht in Konkurrenz zueinander, sondern sind aufeinander angewiesen: «Ohne die Grundrechte der Person wäre die republikanische Souveränität blind und ohne die Ausübung kollektiver Autonomie wären die Rechte der Person leer.»[152] Staatliche Macht wird orientiert und begrenzt, indem der Staat durch den Beitritt zu Menschenrechtsabkommen den Schutz des einzelnen Bürgers auf seinem Territorium zum Handlungskriterium macht.

Als solche Wirkungen lassen sich auch die rechtlichen Entwicklungen in der EU verstehen, wo eine rechtliche Stärkung der supra- und subnationalen Ebene zu beobachten ist. Bemerkenswert daran ist, dass die rechtlichen Begründungen von Reformen der supra- und subnationalen Staatsbürgerschaft stets unter Rekurs auf menschenrechtliche Abkommen erfolgten.[153] Im jurisge-

---

können. Bauböck fordert daher, durchlässige Grenzen deutlicher zu markieren, um das Missverständnis zu verhindern, dass mit dem Menschenrecht auf politische Zugehörigkeit letztlich doch ein Plädoyer für offene Grenzen einhergeht. Grenzen fungieren als Begrenzung eines Zuständigkeitsbereichs, weshalb sie zur politischen Handhabe legitim sind. Vgl. Rainer Bauböck, The Rights of the Others and the Boundaries of Democracy, in: EJPT 4 (2007), 398–406.

[149] Vgl. Benhabib, Kosmopolitismus ohne Illusionen, 157.

[150] Vgl. Benhabib, Kosmopolitismus ohne Illusionen, 187.

[151] Staatliche Souveränität und Volkssouveränität sind zu unterscheiden. Während mit staatlicher Souveränität die letztinstanzliche politische Entscheidungsgewalt, die Lenkung der Wirtschaft oder die Sorge für Verteilungsgerechtigkeit umfasst, beinhaltet die Volkssouveränität repräsentative Institutionen oder die Gewaltenteilung. Zivilgesellschaftliche Akteure und Netzwerke haben also die Möglichkeit, auf Seiten der Volkssouveränität Einfluss auf staatliche Souveränität zu nehmen. Vgl. Benhabib, Kosmopolitismus ohne Illusionen, 163–167.

[152] So formuliert Benhabib in Aufnahme der berühmten Kantischen Formel «Gedanken ohne Inhalt sind leer, Anschauungen ohne Begriffe sind blind.» Vgl. dazu Benhabib, Kosmopolitismus ohne Illusionen, 145.

[153] Vgl. Benhabib, Die Rechte der Anderen, 163.

nerativen Sinne wird die Gewährung von Bürgerrechten nicht allein an die nationale Staatsbürgerschaft gekoppelt, wodurch vor allem Unionsbürgerinnen, aber auch Zuwanderer besser politisch integriert werden. Mit dem Vertrag von Maastricht wurde die Unionsbürgerschaft für Bürgerinnen der EU gebildet, womit die Gewährung von Bürgerrechten wie Freizügigkeit, Meinungs- und Versammlungsfreiheit auf die supranationale Ebene gehoben wurden.[154] Durch die Osterweiterung 2004 ist eine historisch neue Freizügigkeit unter Genuss weitgehender Bürgerrechte für Unionsbürger möglich. Dies lässt sich als schrittweise Kosmopolitisierung verstehen, in deren Verlauf auf transnationaler Ebene die Bürgerrechte ausgeweitet werden.[155] Im Blick auf Nicht-EU-Bürger wurden die Einbürgerungsbestimmungen merklich liberalisiert.[156] Eine vergleichbare Entwicklung ist in den USA ausgeblieben.[157] Zudem wurde mit der Richtlinie 2003/109/EG[158] die «Zivilbürgerschaft» (*civic citizenship*) für

---

[154] Mit dem Vertrag von Maastricht war auch die Einführung eines kommunalen Wahlrechts für nichtdeutsche EU-Bürger verbunden. Mit Blick auf die Rechtsentwicklung um das kommunale Wahlrecht zeigt sich die Entflechtung von *demos* und *ethnos*: zunächst hatte das Bundesland Schleswig-Holstein unter Berufung darauf, dass Deutschland mittlerweile ein Einwandererland ist, 1989 das kommunale Wahlrecht für EU-Ausländer beschlossen. Das Bundesverfassungsgericht kippte diesen Beschluss und begründete mit einem ethnisch geprägten Begriff von Volkssouveränität, weshalb nur deutsche Staatsbürger auf kommunaler Ebene wählen sollten. Wieder zwei Jahre später wurde dieser Beschluss durch den Vertrag von Maastricht durch die Unionsbürgerschaft gekippt. Vgl. dazu Benhabib, Die Rechte der Anderen, 196–202.

[155] Deutlicher als Benhabib sieht dies ihr Lehrer Jürgen Habermas. Habermas würdigt die Unionsbürgerschaft, problematisiert aber das faktisch geringe Bewusstsein für die damit verbundene europäische Bürgerrolle. Auf der einen Seite fehlt es an einem Bürgerbewusstsein, was die Legitimation einer transnationalen Demokratie trotz der europäischen Verfassungsimpulse erschwert. Auf der anderen Seite liefert die Förderung des Bewusstseins für diese doppelte Bürgerrolle Potenzial zur Überwindung der EU-Krise. Bürgerinnen würden von ihren Rechten Gebrauch machen und die Möglichkeit einer transnationalen Demokratie erkennen. Der ökonomisch sich bereits vollziehenden Europäisierung würde eine angemessene demokratische Praxis folgen. Vgl. dazu Jürgen Habermas, Zur Verfassung Europas – ein Essay, Frankfurt/Main 2011, 39–95.

[156] Vgl. Benhabib, Die Rechte der Anderen, 155.

[157] Millionen nichtregistrierter Arbeitskräfte in den USA sind weder im Besitz einer legalen Aufenthaltsgenehmigung noch auch nur annäherungsweise irgendwelcher Bürgerrechte. Diese prekären Bedingungen gelten zwar auch für Tausende vorwiegend afrikanische Arbeitskräfte in Italien, Spanien und Griechenland. Doch ist die US-amerikanische Situation wesentlich problematischer. Vgl. dazu Benhabib, Kosmopolitismus ohne Illusionen, 202.

[158] Vgl. Eurlex, Richtlinie 2003/109/EG des Rates vom 25. November 2003 betreffend die Rechtsstellung der langfristig aufenthaltsberechtigten Drittstaatsangehörigen, http://eurlex.europa.eu/legal-content/DE/TXT/?uri=CELEX%3A02003L0109–20110520 (zuletzt abgerufen: 05.04.17).

Drittstaatangehörige wirksam, die nach fünf Jahren ununterbrochenen Aufenthalts in der EU zahlreiche Bürgerrechte erwerben.[159] Zumindest teilweise ist damit demokratische Partizipation verbunden: mittlerweile ist solchen Zuwanderern eine Teilnahme an lokalen und regionalen Wahlen in Dänemark, Schweden, Finnland und den Niederlanden möglich, was eine subnationale bürgerrechtliche Stärkung bedeutet.[160]

Trotz dieser *jurisgenerativen Wirkungen* dürfen die jurispathischen Tendenzen der jüngeren Gegenwart nicht übersehen werden. Fortwährend kriminalisieren Rechts- und Linkspopulisten Migrantinnen und unterstellen ihnen Asylmissbrauch durch vorgetäuschte politische Verfolgung. In diskursethischer Perspektive bildet das Recht auf politische Zugehörigkeit ein Menschenrecht, das «den *Erwerb* sämtlicher bürgerlichen Rechte – einschließlich des Rechts auf Eigentum, der Vereinigungs- und der Vertragsfreiheit – sowie des aktiven und passiven Wahlrechts»[161] als Ziel für im Inland lebende Ausländer ergibt. Dementsprechend sind Einbürgerungsgesetze weitergehend mit kosmopolitischen Normen zu harmonisieren, wodurch im Inland lebende Ausländer prinzipiell zu einem Einbürgerungsverfahren berechtigt sein müssen. Damit es hier aber bei keiner abstrakten oder elitären Behauptung bleibt, müssen sich *demokratische Iterationen* vollziehen.

3.4 Demokratische Iterationen

Der Umgang mit Zuwanderinnen ist eine Herausforderung und ein Test für die politische Reflexivität einer liberalen Demokratie.[162] Damit die vorangehend beschriebene *jurisgenerative Wirkung* der Menschenrechte auch zu einer Entfaltung kommt, müssen *demokratische Iterationen* vollzogen werden, «in denen universalistische Rechte und Prinzipien von Institutionen des Rechts und der Politik wie von zivilgesellschaftlichen Organisationen diskutiert und kontextualisiert, angegriffen und verteidigt, reformiert und reformuliert werden.»[163] Der von Jacques Derrida eingeführte Begriff «Iteration» umschreibt hier also eine Bedeutungsveränderung des Rechts: bei der Neuaneignung transformiert es sich und wird fortgeschrieben.[164] Kennzeichnend für diesen Transformationsprozess ist, dass zunächst eine Rechtsnorm auf eine neue Situation

---

[159] Vgl. Benhabib, Die Rechte der Anderen, 156–159.
[160] Vgl. Benhabib, Kosmopolitismus ohne Illusionen, 161.
[161] Benhabib, Die Rechte der Anderen, 139.
[162] Vgl. Benhabib, Die Rechte der Anderen, 174.
[163] Benhabib, Die Rechte der Anderen, 175.
[164] Vgl. Benhabib, Die Rechte der Anderen, 176.

bezogen wird. Überkommende Normen werden einerseits dekonstruiert, andererseits kommt es dabei zur Konstruktion neuer Rechtsvorstellungen, die sich in der Entwicklung von Rechtsnormen kommt, die den neu entstandenen Herausforderungen gerecht werden können.

Vom politisch-ethischen Ansatz Seyla Benhabibs ausgehend beschreibt der Begriff der «demokratischen Iteration» die diskursive Interaktion, bei der es zur gegenseitigen Korrektur von Moral, Recht und Politik kommt. In einer pluralistischen Gesellschaft ist ein moralischer Universalismus herausgefordert, Rechtsdokumente in einer Weise zu kontextualisieren, dass sie im politischen Diskurs fruchtbar werden und eine rechtliche Universalisierung generieren. In dieser Kontextualisierung besteht ein doppelseitiges Verhältnis im Umgang mit Rechtsnormen: einerseits rahmen Rechtsnormen die politischen Überlegungen, andererseits verschieben sie sich in dessen Verlauf. In Iterationen vollziehen sich Lernprozesse, in denen «die Bürger die Kunst erlernen, Unterschiede auszuhalten, und die Grenzen ihrer Gemeinsamkeit laufend neu bestimmen.»[165] Im Verhältnis von Destruktion und Konstruktion laufen diese Prozesse konfliktreich ab – idealerweise kommt es aber in der Folge zu einer demokratisch fundierten Rechtsausweitung. In einem letztlich konstruktiven Streit werden ethnisierende und pluralismusunfähige Elemente zugunsten einer demotisch-rechtlichen Neubestimmung transformiert.

Zuwanderung schafft insofern zum einen neue Rechtsbedürfnisse, die zum anderen durch *demokratische Iterationen* konstruktiv bearbeitet werden. Zugleich sind es diese Auseinandersetzungen, in denen sich eine politische Gemeinschaft, also ein *demos*, neu konstituiert und mit demokratischer Lebendigkeit an die Menschenrechte bindet.[166] Die Beteiligung von Migrantinnen ist für deren politische Integration fundamental, da sie nur auf diese Weise Loyalität gegenüber demokratischen Institutionen aufbauen können – dagegen führt der diskursive Ausschluss zur Stärkung von Fundamentalismus und Terrorismus.[167] Dies zeigt auch, dass der diskursethische Ansatz Benhabibs zugleich eine Forderung gegenüber Zuwanderinnen beinhaltet: Sprachkenntnisse sind hier elementar, damit die Diskursbeteiligung nicht nur von Einheimischen zugelassen wird, sondern zugleich engagiert auf Seiten der Zuwanderer vollzogen wird.

Als Beispiel einer *demokratischen Iteration* lässt sich der Fall Fereshta Ludin heranziehen. Die deutsche Staatsbürgerin afghanischer Herkunft hatte darauf bestanden, als Grundschullehrerin mit Kopftuch unterrichten zu dürfen

---

165 Benhabib, Die Rechte der Anderen, 192.
166 Vgl. Benhabib, Kosmopolitismus ohne Illusionen, 71.
167 Vgl. Benhabib, Die Rechte der Anderen, 172.

und berief sich dabei auf die positive Religionsfreiheit.[168] Als die Schulbehörden ihr dies nicht gewährten, klagte Ludin. Der Fall durchlief alle gerichtlichen Instanzen bis zum Bundesverfassungsgericht und führte schließlich zu folgendem Urteil: einerseits wies das Gericht die schulbehördliche Position zurück, nach der das Tragen eines Kopftuchs einen «Eignungsmangel» darstelle, da dies mit dem gleichen Zugang zu jedem öffentlichen Amt gemäß Art. 33 Abs. 2 GG kollidiere. Zusätzlich stelle das Kopftuchverbot einen Eingriff in die individuelle Glaubensfreiheit nach Art. 4 Abs. 1 und 2 GG dar.[169] Wurden damit auf der einen Seite die Grundrechte Ludins herausgestellt, wurde auf der anderen Seite die staatliche Pflicht zu weltanschaulich-religiöser Neutralität betont, weshalb auch die Glaubensfreiheit der betroffenen Schüler zu achten ist.[170] Ausgehend von dieser Gegenüberstellung übertrug das Bundesverfassungsgericht die Entscheidung auf die regionale Ebene, was in Baden-Württemberg zur Untersagung des Tragens von Kopftüchern durch Lehrkräfte führte.[171]

Die kulturelle Identität Ludins als gläubige Muslima und das Recht auf Gleichbehandlung der Schüler wurden gegenübergestellt. Durch das Urteil des baden-württembergischen Landesparlaments wurde der Grundschullehrerin allerdings ein höherer Grad an staatsbürgerlicher als an kultureller Identität abverlangt: mit dem Kopftuchverbot wurde die Unvereinbarkeit öffentlich manifestierter Zugehörigkeit zum Islam und der staatsbürgerlichen Dienstaufgabe beschlossen.[172] Carolin Emcke verwies in dieser Debatte, die bis in die Gegenwart andauert und die öffentliche Auseinandersetzung weiterhin beschäftigt, auf ein früheres Urteil des Bundesverfassungsgerichts zur Anbringung von Kruzifixen in Klassenräumen: christliche oder jüdische Symbole wurden hier nicht als Widerspruch zur weltanschaulichen Neutralität des Staates aufgefasst; verfassungswidrig wurde allein die *Pflicht* einer Anbringung dieser Symbole bezeichnet.[173] Konsequenterweise wäre Emcke zufolge also das freiwillige Tragen eines Kopftuchs als religiöses Symbol verfassungsgemäß, die Verpflichtung dazu hingegen verfassungswidrig.

---

[168] Vgl. Carolin Emcke, Kollektive Identitäten. Sozialphilosophische Grundlagen, Frankfurt/New York 2000, 280–285.

[169] Vgl. 2 BvR 1436/02, Absätze 29 und 362. Bundesverfassungsgericht, Leitsätze zum Urteil des Zweiten Senats vom 24. September 2003 – 2 BvR 1436/02, www.bundesverfassungsgericht.de/entscheidungen/rs20030924_2bvr143602.html (zuletzt abgerufen: 05.04.17).

[170] Vgl. BVerfG, 2 BvR 1436/02, Abs. 62.

[171] Vgl. Benhabib, Die Rechte der Anderen, 194. Die Bundesländer haben unterschiedliche Entscheidungen zum Tragen des Kopftuches getroffen. 2015 wurde etwa in Nordrhein-Westfalen das Schulgesetz geändert, sodass hier das Tragen eines Kopftuchs für Lehrkräfte mittlerweile erlaubt ist.

[172] Vgl. Benhabib, Die Rechte der Anderen, 196.

[173] Vgl. Emcke, Kollektive Identitäten, 284.

Bis in die Gegenwart ist das Tragen religiöser Symbole in öffentlichen Funktionen in den Bundesländern unterschiedlich geregelt. In jedem Fall vollzog sich in der Debatte eine Neubestimmung von Rechten und Identitäten, also eine *demokratische Iteration*. Am Beispiel wird deutlich, dass Rechte und Prinzipien des liberalen Staates durch öffentliche Auseinandersetzungen reformuliert werden müssen, um sich einerseits auf die ursprüngliche Bedeutung, andererseits auf neue Regelungen zu besinnen. In allen EU-Staaten, ebenso in der Türkei, wurde eine transnationale Debatte mit unterschiedlichen lokalen Akzentsetzungen geführt. Neue Gruppen, in diesem Fall muslimische Frauen, artikulieren ihre Ansprüche und werden so zu Autorinnen des Rechts, das seinen vorherigen Kontext überschreitet.[174] In allen Debatten war der Rekurs auf die Menschenrechte prägend für die Artikulation der Argumente.[175] Letztlich kam es zu kreativen Neuaneignungen: Denn obwohl es für Ludin und andere Klägerinnen zunächst um die Erhaltung ihrer traditionellen Identität ging, gewannen die muslimischen Frauen durch die Artikulation ihrer Rechtsansprüche an Selbstbewusstsein: in *demokratischen Iterationen* lernen sie, an der Legitimität des Staates mitzuwirken.[176]

Die kosmopolitischen Normen der Menschenrechte sind konstitutiv auf eine lokale Anpassung durch demokratische Meinungs- und Willensbildung angewiesen. Nur so gewinnen sie an Lebendigkeit und verlieren den Verdacht, das Trojanische Pferd eines westlichen Paternalismus zu sein.[177] Durch die dauerhafte Anwesenheit von Menschen aus verschiedenen Kulturkreisen muss der Gesetzgeber der Herausforderung gewachsen sein, die universellen Grundlagen des demokratischen Gemeinwesens auf neue Anforderungen zu reformulieren.[178] Ebenso wichtig ist aus diskursethischer Perspektive die Diskursfähigkeit von Zuwanderern. Gute Sprachkenntnisse sind für die politische Partizipation unerlässlich, damit Zuwanderer zu einheimischen Bürgern werden. Das Kapitel hat also insgesamt gezeigt: «Das Volk kann sich in einer Demokratie infolge solcher *demokratischen Iterationen* neu konstituieren und die demokratischen Rechte auf andere ausweiten. Ausländer können zu Einwohnern werden, Einwohner zu Bürgern. Demokratien brauchen durchlässige Grenzen.»[179] Die aufgezeigten rechtsphilosophischen Möglichkeiten, die Rechte der Anderen auszuweiten, beziehe ich nun im nächsten Kapitel auf die theologisch-ethische Debatte.

---

174 Vgl. Benhabib, Kosmopolitismus ohne Illusionen, 263.
175 Vgl. Benhabib, Kosmopolitismus ohne Illusionen, 244.
176 Vgl. Benhabib, Die Rechte der Anderen, 202.
177 Vgl. Benhabib, Kosmopolitismus ohne Illusionen, 43.
178 Vgl. Benhabib, Die Rechte der Anderen, 65.
179 Benhabib, Die Rechte der Anderen, 204.

4. Das Richtige und das Gute: Die theologische Ethik und die Anderen

Im vorangehenden Kapitel wurde der Themenkomplex Migration, Flucht und Asyl aus einer dezidiert pflichtenethischen Perspektive betrachtet. Während damit der Akzent vor allem auf der Frage nach *dem Richtigen* lag, soll im Folgenden durch theologisch-ethische Überlegungen gezeigt werden, ob und wie *das Richtige* als *das Gute* ausgewiesen werden kann. Auf diese Weise möchte ich konkretisieren, wie Pflichten in Handlungen transformiert werden können. Philosophische und theologische Ethik stehen demgemäß also nicht in einem konkurrierenden, sondern in einem kooperativen Verhältnis mit unterschiedlichen Zuständigkeiten.[180] Während erstere durch logische Argumentation zwar Orientierung geben kann, deutet letztere diese Argumentation konkret an der Lebensführung aus und verfügt über Motivationspotenziale, die eine rationale Begründung nicht bereitzustellen vermag.

In Anknüpfung an Schleiermacher strebt das christliche Ethos nach einer positiven Bestimmung und Verwirklichung allgemein-vernünftiger Ideale – die Rechte der Anderen bleiben so keine bloß abstrakte Norm, sondern werden im Rückgriff auf christliche Überlieferungsbestände plastisch und real. Das christliche Ethos ist damit kein «bloßes Werkzeug» oder ein Rädchen im «gesellschaftlichen Funktionssystem»[181]. Gegen eine solche rationalisierende Reduktion schöpft der christliche Glaube aus einem dynamischen Überlieferungszusammenhang, der bei der Verinnerlichung der Normen eine bestimmende und motivierende Wirkung erzielt, sodass eine Pflicht zu einer Handlung überführt werden kann. Besteht also in der unzureichenden Vermittlung zwischen dem Richtigen und dem Guten das Manko der Diskursethik, kommt nun dem christlichen Ethos die Aufgabe zu, abstrakte Normen in konkrete Vorstellungen und Handlungen zu transformieren.

Um philosophische und theologische Ethik miteinander ins Gespräch zu bringen, bestimme ich zunächst die spezifische Prägung des christlichen Menschenrechtsgedankens und die damit verbundenen Potenziale. Die Ambivalenzen partikularisierender und universalisierender Kräfte des christlichen Ethos werden anschließend anhand der biblischen Bezüge und ihrer Rolle in der Flüchtlingsdebatte vertieft. Davon ausgehend beziehe ich schließlich Benhabibs Konzept eines *Kosmopolitismus ohne Illusionen* auf die aktuelle theolo-

---

[180] Vgl. Scheliha, Migration in ethisch-religiöser Reflexion, 89f.
[181] Hans Joas, Glaube als Option, Freiburg/Breisgau 2012, 149.

gisch-ethische Debatte. Hier möchte ich zeigen, dass die prominentesten Beiträge zur Flüchtlingsdebatte bemerkenswerte Parallelen zu den vorangehend kritisierten sozialphilosophischen Entwürfen haben. Während Ulrich Körtners Argumentation der von Michael Walzer ähnelt, weist Heinrich Bedford-Strohm Parallelen zu Joseph Carens auf. In der weitergehenden Analyse verorte ich diese beiden theologisch-ethischen Stimmen der Debatte als Konkretisierungen der großen konkurrierenden Entwürfe zur Politischen Ethik im 20. Jahrhundert, dem Konzept der Zwei-Reiche Lehre auf der einen, dem der Königsherrschaft Christi auf der anderen Seite.

Im Sinne der bisherigen Argumentation erscheint mir allerdings die Vermittlungsleistung weder auf der einen noch auf der anderen Seite ausreichend gegeben. Stattdessen argumentiere ich im Anschluss an Seyla Benhabib für eine dynamische Interaktion von Recht, Moral und Politik. Diese prozessuale, auf gegenseitige Korrektur und Weiterentwicklung angelegte Vermittlung erfolgt auf Grundlage des Menschenrechtsgedankens. Ausgehend von der kantisch geprägten Diskursethikerin übertrage ich ihre Position unter Bezugnahme auf die Schleiermachersche Unterscheidung von Pflicht, Gut und Tugend. Meine so getroffene theoretische Grundentscheidung beziehe ich schließlich auf die Debatte um die Flüchtlingspolitik der Bundeskanzlerin Merkel. Die vorangehenden Überlegungen münden schließlich in den letzten Abschnitt, in dem ich mich an einer Aktualisierung der gemeinsamen Erklärung der EKD und DBK von 1997 und damit der kirchlichen Aufgaben der Gegenwart versuche.

4.1 Potenziale des christlichen Ethos: Partikulare Quellen der Universalität

Die Rezeption des Menschenrechtsgedankens hat zu einer tiefgreifenden Transformation der christlichen Kirchen geführt. Gegen lange andauernden Widerstand wurde ihnen in Deutschland seit den 1960er Jahren die liberaldemokratische Ordnung letztlich erfolgreich aufgenötigt.[182] Von zentraler Bedeutung für die erfolgreiche Rezeption von Demokratie und Menschenrechten in den christlichen Kirchen waren die ökumenischen Netzwerke, die einen Transfer der entsprechenden Begründungsfiguren begünstigten.[183] Im «Jahrhundert der Ökumene» (W. Huber) rezipierten die Kirchen die Menschenrechte über

---

[182] Vgl. Thomas Meyer, Die Ironie Gottes. Die politische Kultur der Moderne zwischen Resakralisierung und Religiotainment, in: Tobias Mörschel (Hg.), Macht Glaube Politik? Religion und Politik in Europa und Amerika, Göttingen 2006, 61–83.

[183] Vgl. Georg Kalinna, Protestantismus und Demokratie, in: Zeitzeichen 01/17, 26–28, hier: 26.

die Figur der Menschenwürde als strukturverwandt mit eigenen Überzeugungen.[184] Hierzu passt, dass die christlichen Kirchen sich mittlerweile nicht mehr als Gegner, sondern als Anwalt der Menschenrechte verstehen und sich unter Berufung auf die Menschenwürde für Flüchtlinge engagieren. Der Aufbau ökumenischer Netzwerke, ob inner- oder überkonfessionell, vollzog sich parallel zu transnationalen jurisgenerativen Wirkungen und reicherte diese rechtliche Universalisierung durch christliches Engagement an.

In pluralistischen Gesellschaften ist aber umstritten, wie sich der moralische Universalismus der Menschenwürde zur sozialen Partikularität christlicher Gemeinschaften verhält. Unter den Eindrücken des 11. September 2001 betonte Jürgen Habermas einerseits die Potenziale religiöser Sprache, die aus der säkularen Gesellschaft nicht ausgeschlossen werden dürfen. Nur dann würde sich die säkulare Gesellschaft «nicht von wichtigen Ressourcen der Sinnstiftung abschneiden, wenn sich auch die säkulare Seite einen Sinn für die Artikulationskraft religiöser Sprachen bewahrt.»[185] Zugleich ist im Sinne eines diskursethischen Ansatzes an der Notwendigkeit einer Übersetzung festzuhalten, damit das christliche Ethos in einer pluralistischen und säkularen Gesellschaft seine universalisierenden Potenziale ausschöpfen kann und nicht in Fundamentalismus umschlägt.

Demokratie und Menschenrechte werden heute von vielen Christen geradezu selbstverständlich mit ihrer Tradition verknüpft, wenn nicht sogar als christliche Erfindung vereinnahmt. So bemerkt etwa Wolfang Huber zur französischen Erklärung der Menschenrechte: «Dieser säkularistische Hintergrund hat die Rezeption des Menschenrechtsgedankens in den christlichen Kirchen erheblich erschwert und verzögert. Eine Einsicht, die sich der Transformation der christlichen Freiheitsidee verdankte, musste deshalb in der Folgezeit gegen den anhaltenden Widerstand der Kirchen durchgesetzt werden.»[186] Historisch ist das fragwürdig. Zwar dürfte eine gewisse Affinität des Menschenrechtsgedankens zu jüdisch-christlichen Ideen unbestreitbar sein – auch das säkularhumanistische Narrativ, das sich insbesondere auf die französische Erklärung der Menschenrechte bezieht, ist empirisch nicht haltbar.[187] Doch kann die von Huber behauptete Transformation nicht erklären, warum ein bestimmtes Element der christlichen Lehre bis ins 18. Jahrhundert vollständig vernachlässigt

---

[184] Vgl. Reiner Anselm, Politische Ethik, in: Huber, Wolfgang u. a. (Hg.), Handbuch der Evangelischen Ethik, München 2015, 195–263, 237.

[185] Jürgen Habermas, Glauben und Wissen, Rede zum Friedenspreis des Deutschen Buchhandels, Frankfurt/Main 2001, 13.

[186] Vgl. Wolfgang Huber, Rechtsethik, in: ders. u. a. (Hg.), Handbuch der Evangelischen Ethik, München 2015, 125–193, hier: 154.

[187] Vgl. Hans Joas, Die Sakralität der Person, Berlin 2011, 17.

wurde und auch bis in die Gegenwart hinein problemlos mit menschenrechts-verachtenden Herrschaftsformen zusammenbestehen kann. Am Beispiel des aktuellen Diskurses in der russisch-orthodoxen Kirche zeigt sich etwa, dass der Menschenrechtsgedanke bedenkenlos einem klerikalen Machtzugewinn geopfert werden kann.

Problematisch ist vor allem, dass eine solche Vereinnahmung der Menschenrechte nicht universalisierend, sondern partikularisierend wirkt. Die Menschenrechte werden auf diese Weise zu einem Trojanischen Pferd, in dessen Bauch sich, bildlich gesprochen, letztlich ein Christ versteckt. Auch wenn Huber ganz sicher keine Affinität zu den islamophoben Tendenzen hegt, die einer christlichen Vereinnahmung der Menschenrechte oft korrespondieren, wäre eine angemessenere Selbstrelativierung angesichts des historischen Befundes wünschenswert. Gerade die nüchterne Nachzeichnung der christlichen Rezeption von Demokratie und Menschenrechten hätte eine universalisierende Wirkung: «Von dieser selbstkritisch-vorsichtigen – und nicht triumphalistischen – Sicht auf die Geschichte des Christentums her ließe sich dann auch eine Brücke bauen zur Suche nach religiösen Begründungen für Demokratie und Menschenrechte in anderen Traditionen.»[188] Universalisierung hängt also nicht unwesentlich mit einem Bewusstsein für die eigene Partikularität zusammen.

Allerdings darf eine solche Selbstbegrenzung nicht zu weit gehen: Ein sektorales Verständnis, wie es etwa Helmut Kress mit der bloßen Partikularität religiöser Begründungen vorschlägt, ist daher ebenfalls problematisch.[189] Denn im Subtext scheint die Filterung der eigenen Tradition hin zu einem rationalen Universalismus dann die nächste Aufgabe zu sein. Die partikulare Bindungskraft der eigenen Tradition wird auf diese Weise zu sehr relativiert, sodass das christliche Ethos seine tradierten Universalitätspotenziale nicht ausreichend ausschöpft und sich so seiner spezifischen Sinnstiftung beraubt. Gegen eine solche Rationalisierung kann das christliche Ethos zwar historisch-kritisch, aber auch selbstbewusst auf Überlieferungsbestände und globale Vernetzungen zurückgreifen, die ein christliches Engagement für die Menschenrechte plausibel werden lassen: der Glaube schöpft aus Erfahrungen, Ritualen, Vorbildern und Narrativen; er motiviert und orientiert in anderer Weise und wirkungsvoller als ein rationaler Universalismus.

---

[188] Joas, Glaube als Option, 162.
[189] Vgl. Helmut Kress, Ethik der Rechtsordnung. Staat, Grundrechte und Religionen im Licht der Rechtsethik, Stuttgart 2012, 136f.

Um sowohl Vereinnahmung als auch rationalistische Selbstrelativierung zu vermeiden, unterscheide ich zwischen interner und externer Diskursebene: Intern können die Menschenrechte als strukturverwandt mit der christlichen Überzeugung der Menschenwürde verstanden werden, um die partikulare Bindungskraft der eigenen Tradition zu erhalten. In der externen Kommunikation ist aber die Pluralität partikularer Quellen in Erinnerung zu rufen, die mit unterschiedlichen Begründungsstrukturen eine Universalisierung der Menschenrechte vollziehen. Beide Ebenen sind miteinander in Verbindung zu setzen, sodass der Dialog als «produktive Konfrontation mit dem Anderen»[190] das Bewusstsein für partikulare Quellen der Universalität fördert.

Eine solche produktive Konfrontation zeigt bereits die Genese der Allgemeinen Erklärung der Menschenrechte, in der verschiedene kulturelle, religiöse und philosophische Einflüsse zusammenwirkten. Partikulare Quellen flossen zusammen und resultierten in einem universalen Geltungsanspruch, der in der Folge rechtliche Kodifizierungen auf globaler Ebene überhaupt erst ermöglichte.[191] Für diese Verhältnisbestimmung von Partikularität zu Universalität eröffnet der Dialog die Unterscheidung zwischen interner und externer Ebene. Nach innen kann das christliche Ethos aus Beständen schöpfen, die das Engagement gegen Rassismus, Sexismus und sonstige Partikularisierungen motivieren und sich zugleich gegen das Desengagement infolge des Verzichts auf postmoderne Geltungsansprüche richten.[192] Nach außen muss sich das christliche Ethos aber zugleich gegen eine Selbstüberschätzung im Verhältnis zu konkurrierenden moralischen Universalismen begrenzen. Die Bezugnahme auf die Bibel ist für das so verstandene christliche Ethos ein wichtiger Bestandteil. Wie mit Ambivalenzen biblischer Texte umgegangen werden kann, zeige ich im folgenden Abschnitt.

4.2 Biblische Bezüge

Die Bezugnahme auf Bibelstellen bietet sich zum Thema Migration, Flucht und Asyl an. Der prominenteste Vers ist wohl Dtn 10,19, der in den Titel für

---

[190] Joas, Glaube als Option, 159.

[191] Gegen das essentialistische Narrativ einer allein christlichen oder säkular-westlichen Erfindung der Menschenrechte zeigt Hans Joas, dass der Menschenrechtsdiskurs zum einen in Asien, Lateinamerika und Afrika bereits im 19. Jahrhundert eine wichtige Rolle spielte. Bei den wichtigen Akteuren waren jüdische, säkulare, katholische, protestantische, orthodoxe, muslimische, konfuzianische und hinduistische Einflüsse von Bedeutung. Insgesamt lässt sich die Allgemeine Erklärung der Menschenrechte eine erfolgreiche Wertegeneralisierung nennen. Vgl. dazu Joas, Die Sakralität der Person, 251–281.

[192] Vgl. Joas, Glaube als Option, 163.

die gemeinsame Erklärung der DBK und EKD aus dem Jahr 1997 aufgenommen wurde: «Auch ihr sollt den Fremden lieben; denn Fremde seid ihr im Land Ägypten gewesen.»[193] Dass eine Argumentation allein auf der Grundlage eines Bibelzitats leicht dem Verdikt eines naiven Moralismus anheimfallen kann, liegt auf der Hand.[194] Gleichwohl ist die biblische Bezugnahme als Maßstab und Motivation für das eigene Handeln für Christinnen elementar, weshalb eine Auseinandersetzung nicht gescheut werden sollte.

Im Alten Orient war Migration der Normalfall, was auf Hungersnöte in Folge von Missernten und Mangelversorgung, auf Kriege oder andere Konflikte in Familien oder Stämmen zurückzuführen ist.[195] Diese Gegebenheiten führten – anders als die ethischen Darstellungen zu Flucht und Migration oft behaupten – zu einer durchaus ambivalenten Perspektive auf den Fremden.[196] Insbesondere durch die Bedrohung der herrschenden Großmächte finden sich deutlich xenophobe Haltungen im Begriff *zarîm*: in Hos 5,4.7 führt die Hurerei zur Geburt «fremder Söhne», in Jes 1,7 droht Gefahr durch Fremde, gegen die man sich militärisch und religiös wappnen muss.[197] Reinheitsgebote tragen dieser Grundtendenz Rechnung. Ähnliches gilt für den Begriff *nokrî*, der ebenfalls auf einen Fremden verweist, der nicht dem eigenen Volk angehört. Mit diesen beiden Begriffen werden also Fremde benannt, bei denen kein Bezug zum Aufnahmeland, sondern allein eine Bedrohung vermutet wird. In den Rechtssätzen finden die so benannten Fremden keine Beachtung.

Anders verhält es sich mit dem Begriff *ger*, dessen Bedeutungsfeld zwischen einem sozial Schwachen der eigenen Volksgruppe und einem Fremdling changiert.[198] Als solcher genießt der Fremde aber zweifelsohne ein Schutzrecht. Der Schutz des Schwachen war wiederum ein elementarer Bestandteil

---

[193] Alle Übersetzungen richten sich nach der Elberfelder Bibel 2006.

[194] So Hans Rudolf Schär, der die biblizistische Naivität in kirchlichen Verlautbarungen zu Flucht und Migration problematisiert. Siehe Hans Rudolph Schär, Migration, in: ZEE 31 (1987), 456–466.

[195] Vgl. Reinhard Achenbach, ger – näkhri – töshav – zär. Legal and Sacral Distinctions regarding Foreigners in the Pentateuch, in: ders. u. a. (Hg.), The Foreigner and the Law. Perspectives from the Hebrew Bible and the Ancient Near East, BZAR 16, Wiesbaden 2011, 27–50, hier: 28.

[196] Vgl. dazu Scheliha, Migration in ethisch-religiöser Reflexion, 91–94 oder Marianne Heimbach-Steins, Grenzverläufe gesellschaftlicher Gerechtigkeit. Migration – Zugehörigkeit – Beteiligung (GER 5), Paderborn 2016, 60–73. Differenzierter sind die Darstellungen Hans-Richard Reuters, der die Ambivalenzen der Bibelstellen deutlicher thematisiert und so nicht schlicht universalisierende Textstellen zur Unterfütterung seiner Position herausgreift: «So unbezweifelbar der universalistische Kern des biblischen Fremdenethos auch ist – vor seiner abstrakten Idealisierung müssen wir uns hüten.» Siehe dazu Hans-Richard Reuter, Rechtsethik in theologischer Perspektive, Gütersloh 1996, 213–215.

[197] Vgl. Hermann Spieckermann, Gottes Liebe zu Israel, Tübingen 2001, 85.

[198] Vgl. Spieckermann, Gottes Liebe zu Israel, 88.

der altorientalischen Rechtssätze und fand so seinen Weg in das Alte Testament. Das frühere Bundesbuch, das viele dieser Rechtssätze übernahm und in einem komplexen Redaktionsprozess weiterschrieb, weist rechtliche und sozialethische Bestimmungen (Ex 21,12–23,9) auf, die sich auch mit dem Schutzrecht des Schwachen bzw. des Fremdlings befassen.[199] Innerhalb der sozialethischen Bestimmungen tritt in Ex 22,20–26 dementsprechend ein eigenes Schutzgebot auf. Zunächst wird in einer «Situationsanalogie»[200] an die eigene Unterdrückung in Ägypten erinnert, die zugleich ein Unterdrückungsverbot gegenüber dem Fremden begründet (vgl. Ex 22,20). Weiter heißt es, dass Gott bei Unterdrückung die Hilferufe des Fremdlings erhören wird und das Schwert gegen die Unterdrücker erheben wird (Ex 20,22f.). Dies führte auch zur Aufnahme des Fremdenschutzes in späteren Fortschreibungen, etwa in dem oben zitierten Vers Dtn 10,19. Mit dem Gottesgedanken wird also an die eigene Unterdrückung erinnert und so das Recht des Schwachen begründet. Aus der Binnenlogik eines Stammes wird der Fremde als derjenige erkannt, dem eine besondere Verpflichtung gilt.[201] Der Blick auf diese ausgewählten Stellen zeigt also: während in der Bedrohungssituation der Fremde als Gefahr gesehen wird, der von Gott entfremdet, genießt der Fremde in den Rechtssätzen besonderen Schutz. Die Erfahrung der Rettung Gottes im Exodus wird auf die konkrete Situation der Ankunft des Fremden bezogen.

Im Neuen Testament finden sich zwar keine Rechtssätze in Bezug auf die Fremden. Allerdings fällt die Adressierung an die frühen Christen als «auserwählte Fremdlinge» (1. Petr 1,1) auf. Im weiteren Verlauf des Petrusbriefes findet sich zudem in 1. Petr 2,11 die Bezeichnung πάροικοι, die wahrscheinlich aus der alttestamentlichen Tradition stammt, und zu einer zentralen Selbstbezeichnung der frühen Christen wurde. Mit den jeweiligen Bezeichnungen der Fremdheit ist einerseits die reale Ablehnungserfahrung, andererseits aber auch das eschatologische Selbstbewusstsein verbunden: «Die Stadt, auf die die Christen zugehen, ist […] nicht nur die himmlische, sondern auch die ‹kommende›.»[202] Die Selbstidentifikation mit dem Fremden wird folglich als besondere Nähe zum göttlichen Willen aufgefasst, der die angemessene ethische Distanz zur Welt korrespondiert: als Fremde sehen sich die Christen *in* der Welt, aber nicht *von* der Welt.[203] Damit ist aber zugleich auch eine Abgrenzung gegenüber der heidnischen Umwelt verbunden.

---

[199] Vgl. Eckart Otto, Theologische Ethik des Alten Testaments (ThW 3/2), Göttingen 1994, 232.
[200] Ebd.
[201] Vgl. Eckart Otto, Theologische Ethik des Alten Testaments, 85.
[202] Vgl. Reinhard Feldmeier, Die Christen als Fremde. Die Metapher der Fremde in der antiken Welt, im Urchristentum und im 1. Petrusbrief (WUNT 64), Tübingen 1992, 94.
[203] Vgl. Feldmeier, Die Christen als Fremde, 104.

Außerdem wird in der Flüchtlingsdebatte vielfach auf die Endzeitrede Jesu bei Matthäus Bezug genommen. In Mt 25,41–46 kündigt Jesus das Gericht an, in der die Christen sich für den Umgang mit dem Fremdling rechtfertigen müssen. Im Fazit heißt es: «Wahrlich, ich sage euch, was ihr einem dieser Geringsten nicht getan habt, habt ihr auch mir nicht getan. Und diese werden hingehen zur ewigen Strafe, die Gerechten aber in das ewige Leben.» Bezogen auf die Auslegung des «Fremdlings» fallen erhebliche Unterschiede auf: nach Ulrich Luz lassen sich der *klassische*, der *exklusive* und der *universale* Deutungstyp unterscheiden.[204] Im *klassischen* Deutungstyp wurden die «geringsten Brüder» streng partikular als Glieder der christlichen Gemeinde aufgefasst – teilweise wurde dies noch weiter eingegrenzt auf die Apostel oder die vollkommenen Christen. Luz hält diesen Auslegungstyp für denjenigen, der die ursprüngliche Aussageabsicht am wahrscheinlichsten trifft.[205]

Mit dem Aufkommen der historisch-kritischen Methode lässt in der Neuzeit eine Spaltung in den *exklusiven* und den *universalen* Deutungstyp feststellen. Dabei schließt der erstere in gewisser Weise an die klassische Deutung an: die «geringsten Brüder» werden als Christen aufgefasst – zugleich wird aber das Fazit Jesu in Mt 25,45 gegen die Nicht-Christen als Gerichtsdrohung interpretiert. Prägend für diese Deutung ist meist die Christenverfolgung in der Mission, was ihre Beliebtheit in evangelikalen Kreisen erklärt.[206] Stehen also auf der einen Seite die notleidenden Christen als «geringste Brüder», so droht nicht-christlichen Verfolgern das Gericht. Dagegen sieht der *universale* Deutungstyp alle Notleidenden in der Endzeitrede gemeint.[207] Im Hinblick auf die Flüchtlingsdebatte werden die jeweiligen Deutungen aktuell: Während konservative Strömungen vor allem für den Schutz verfolgter Christen plädieren, argumentierten linksprotestantische Strömungen in erster Linie für einen universalen Schutz aller Flüchtlinge.

Die exegetische Untersuchung vereinzelter Bibelstellen hat zwar eine gewisse Tendenz zum moralischen Universalismus gezeigt; allerdings stehen auch deutlich partikularisierende Textstellen und Auslegungen gegenüber. Insbesondere die Exoduserzählung kann wie die neutestamentlichen Erzählungen in der Auseinandersetzung mit Flucht und Migration dazu beitragen, dass der Blick für die Situation der Anderen geschärft wird und auf die universale

---

[204] Vgl. Ulrich Luz, Das Evangelium nach Matthäus, 3. Teilband, Mt 18–25, in: EKK, Neukirchen-Vluyn 1997, 515–544, bes. 521–530.

[205] Vgl. Luz, Das Evangelium nach Matthäus, 526.

[206] Vgl. Luz, Das Evangelium nach Matthäus, 529.

[207] Vgl. Luz, Das Evangelium nach Matthäus, 521.

Gleichheit aller Menschen vor Gott verweist.[208] Diese Veranschaulichung hat ein Potenzial für die Motivation zum Engagement für die Rechte der Anderen. Zugleich sind aber die Ambivalenzen biblischer Bezüge wahrzunehmen. Die ethnisch-religiösen Reinheitsgebote müssten in ihrer partikularisierenden Stoßrichtung stärker als Mahnung in der Gegenwart berücksichtigt werden. Auch wenn die Gebote der Barmherzigkeit und der Nächstenliebe ganz sicher eine universalisierende Tendenz haben, können weder die Bibelstellen noch die Auslegungen abschließend klären, ob der Schutz den Benachteiligten der eigenen oder der anderen Gruppe gilt. Werden diese Ambivalenzen missachtet, drohen Bibelbezüge zur Ideologisierung der eigenen Position missbraucht zu werden.

4.3 Kosmopolitischer Ausgleich zwischen Gesinnung und Verantwortung

Ähnlich wie die rechtsphilosophische ist auch die theologisch-ethische Debatte von Polarisierungen geprägt, bei der Benhabibs kosmopolitisch motivierter Ausgleich von Gesinnung und Verantwortung zwischen moralischem Universalismus und partikularer Politik vermitteln kann. Im Folgenden kritisiere ich zunächst die Ansätze Ulrich Körtners und Heinrich Bedford-Strohms. In Aufnahme der im dritten Kapitel dargestellten Ausrichtung möchte ich einerseits den moralischen Universalismus nicht aufgeben, andererseits aber auch die Notwendigkeit von *demokratischen Iterationen* betonen, um so zwischen universaler und partikularer Ebene vermitteln zu können. Dies erklärt einerseits die Kritik an Ulrich Körtner, der einen moralischen Universalismus unterläuft – andererseits gelingt es Heinrich Bedford-Strohm nicht ausreichend, eine Vermittlung zur politisch-partikularen Realität zu leisten. Auf die Kritik der beiden Ansätze folgend schlage ich schließlich im Anschluss an die Benhabibs theologisch-ethische Überlegungen vor, die das Gelingen demokratischer Iterationen beschreiben sollen.

Die Argumentation Körtners setzt ein mit der Zitation Georg Jellineks, einem seit über 100 Jahren verstorbenen Staatsrechtler, demzufolge ein Nationalstaat die volle Kontrolle über sein Staatsgebiet und seine Bevölkerung haben müsse.[209] Ausgehend vom westfälischen Modell äußert Körtner deutliche Kritik an der deutschen Flüchtlingspolitik, die ein hohes sicherheitspolitisches

---

[208] Vgl. Reiner Anselm, Art. Bibel, Glaube, in: ders. & Ulrich Körtner (Hg.), Evangelische Ethik kompakt. Basiswissen in Grundbegriffen, Gütersloh 2015, 17–23, hier: 21.

[209] Vgl. Ulrich Körtner, Gesinnungs- und Verantwortungsethik in der Flüchtlingspolitik, in: ZEE 60 (2016), 282–296, hier: 283.

Risiko für die EU-Staaten bedinge und sie sogar «erpressbar» gemacht habe.[210] Ergänzend zum Gebot der Fremdenliebe werden Reinheitsvorschriften zitiert, womit Körtner zwar zu Recht die Ambivalenz des biblischen Befunds thematisiert, dies aber mit dem fragwürdigen Konzept einer «Gefahr der möglichen Überfremdung»[211] formuliert. In Bezug auf die sicherheitspolitischen Risiken fordert Körtner eine Wiederaufnahme der Grenzkontrollen im Schengen-Raum, um Sicherheitsrisiken zu mindern, was durch einen Verweis auf die Zwei-Reiche-Lehre unterfüttert wird.

Im Hintergrund steht also Luthers Unterscheidung zwischen innerem und äußerem Menschen, der die Unterscheidung zwischen Zwei Reichen korrespondiert.[212] Zum Reich Gottes gehören diejenigen Glaubenden, die durch ein innerlich gebundenes Gottesverhältnis zumindest im Idealzustand das Gute *sua sponte* tun. Die im Glauben begründete Gottgebundenheit würde eine weltliche Bändigung nicht erforderlich machen. Allerdings herrscht die zerstörische Kraft der Sünde im Menschen – im natürlichen ungehemmt, im glaubenden Menschen gehemmt – und macht daher eine Einhegung der destruktiven Potenziale erforderlich. Zum geistlichen Regiment muss das weltliche Regiment hinzutreten, um gewissermaßen als Bollwerk zur Einhegung des Gewaltpotenzials der sündigen Menschen zu fungieren. Zwar kommt dem Evangelium der höchste Rang in der geistlichen Sphäre zu – in der davon deutlich zu unterscheidenden weltlichen Sphäre bildet aber die Vernunft den höchsten Rang. Inhaltlich bestimmt wird der Auftrag des weltlichen Regiments damit, die Ordnung zu erhalten und durch Sünde bedingte chaotische Zustände zu vermeiden.

Körtner aktualisiert die Zwei-Reiche-Lehre und betont, dass der Staat für Recht und Frieden zu sorgen hat. In dieser Lesart kommt Körtner zu dem Schluss, dass in der Flüchtlingspolitik die Kontrolle zurückgewonnen werden muss: «Das schließt eine Verantwortung für sichere Grenzen und prinzipiell auch das Recht und die Pflicht zur Begrenzung von Zuwanderung ein, die nicht

---

[210] Siehe Körtner, Gesinnungs- und Verantwortungsethik in der Flüchtlingspolitik, 283f. Warum Körtner das Verhalten der Bundeskanzlerin in der Satire-Affäre kritisiert, ist nicht ganz nachvollziehbar. Denn insgesamt zielt Körtner deutlich auf einer Begrenzung von Zuwanderung – gerade einer solchen Begrenzung von Zuwanderung diente das EU-Türkei-Abkommen. Insofern war auch die Entscheidung Merkels für ein diplomatisches Entgegenkommen in der Satire-Affäre nachvollziehbar, da dies für eine Kooperation an den EU-Außengrenzen erforderlich war. Das Rechtsverfahren hat zudem – dies konnte Körtner zum Zeitpunkt seines Artikels noch nicht wissen – die Kunstfreiheit bestätigt. Rechtstaatlichkeit kann durch nichts besser erwiesen werden als durch Recht schaffende Verfahren.

[211] Körtner, Gesinnungs- und Verantwortungsethik in der Flüchtlingspolitik, 290.

[212] Vgl. Hans-Richard Reuter, Grundlagen und Methoden der Ethik, in: Wolfgang Huber u. a. (Hg.), Handbuch der Evangelischen Ethik, München 2015, 9–123, hier: 50f.

mit der Abschottung gegen Migration überhaupt zu verwechseln ist.»[213] Davon ausgehend ist plausibel, dass sich Körtner in der Folge auf die kommunitaristischen Ideen von Michael Walzer bezieht. Die Staatsbürgerschaft sei ein hohes Gut, das allein in einem Wohltätigkeitsakt von den Aufnahmestaaten zugeteilt werde.[214] Letztlich ist den Staaten aber keine weitere Zuwanderung zuzumuten, da Körtner den Grundsatz *ultra posse nemo obligatur* hier so ins Spiel bringt, als seien angesichts der Sicherheitsrisiken die Grenzen des Könnens bereits erreicht. Eine Pflicht zur Aufnahme besteht angesichts dieser erreichten Grenzen nur bedingt.

In der kritischen Auseinandersetzung ist zunächst anzufragen, ob für einheimische Bürgerinnen oder für Asylsuchende selbst das höhere Sicherheitsrisiko besteht. Dies erfordert aber neben dem Blick auf Statistiken auch eine Perspektive auf Asylsuchende als Mitglieder der Gesellschaft und nicht vordergründig als potenzielle Gefährder.[215] Die Anzahl von rechtsradikal motivierten Anschlägen auf Asylsuchende ist im Vergleich zu von Zugewanderten begangenen Straftaten wesentlich höher und insofern aus einer diskursethischen Perspektive das höhere Sicherheitsrisiko, die auch die Anderen in die Überlegungen einbezieht. Damit soll keineswegs das Gefährdungspotenzial bestritten werden, das zweifelsohne von erstarkenden salafistischen Gruppierungen ausgeht. Hier ist das oben beschriebene Prinzip der Rechtsloyalität ele-

---

[213] Vgl. Körtner, Gesinnungs- und Verantwortungsethik in der Flüchtlingspolitik, 292.

[214] Vgl. Körtner, Gesinnungs- und Verantwortungsethik in der Flüchtlingspolitik, 294.

[215] Einem Bericht des Bundeskriminalamts zufolge ist die gewalttätige Kriminalität gegen Zuwanderer wesentlich höher als diejenige, die von Zuwanderern ausgeht. Insgesamt wurden im Zeitraum Januar bis September 2016 etwa 214 600 von Zuwanderern verursachte Delikte gezählt. Davon waren 17 % Bagatelldelikte wie Schwarzfahren, etwa 25 % waren Diebstähle. Bei ebenfalls etwa 25 % der Straftaten handelt es sich um Körperverletzungen, die tatsächlich ein höheres Sicherheitsrisiko darstellen. Allerdings wurden diese Straftaten überwiegend an anderen Zuwanderern verübt – nicht die einheimischen Bürgerinnen sind durch eine liberale Einwanderungspolitik in Gefahr geraten, sondern vielmehr bildet die von Zuwanderern ausgehende kriminelle Energie eine Gefahr für andere Zuwanderer. Gegen Nicht-Zuwanderer wurden etwa 12 900 Gewalttaten und damit sechs Prozent der von Zuwanderern begangenen Straftaten gezählt. Dem stehen im gleichen Zeitraum etwa 67 300 Gewalttaten von Einheimischen gegen Zuwanderer gegenüber. Vor allem rechtsextreme, teils terroristische Gruppierungen, verübten 829 Straftaten gegen Asylunterkünfte, 144 davon waren Gewaltdelikte. Viele weitere Körperverletzungen gegen Zuwanderer wurden außerhalb der Unterkünfte verübt. Die Statistik zeigt also eindeutig, dass das wesentlich höhere Sicherheitsrisiko durch Gewalttaten von einheimischen Bürgern und nicht von Zuwanderern ausgeht. Vgl. Reiko Pinkert & Jan-Lukas Strozyk, BKA-Bericht: Flüchtlinge begehen weniger Straftaten, SZ online, 30.12.16, www.sueddeutsche.de/politik/fluechtlinge-bka-bericht-fluechtlinge-begehen-weniger-straftaten-1.3315641 (zuletzt abgerufen: 05.04.17).

mentar für einen potenziellen Ausschluss. Dass potenzielle oder tätige Straftäter diese Loyalität nicht zeigen und daher legitimer Weise abgeschoben werden, dürfte zu keinem Zeitpunkt zur Debatte gestanden haben. Auch wenn etwa für den Terroranschlag auf den Berliner Weihnachtsmarkt Behördenfehler mitverantwortlich gewesen sein könnten, hat der Täter selbstverständlich jede Form von Rechtsloyalität vermissen lassen.

Höchst problematisch ist zudem Körtners Forderung nach Wiedereinführung innereuropäischer Grenzkontrollen, die kaum mehr zu einer höheren Sicherheit führen würde. Die Bewegungsfreiheit von Asylsuchenden ist ohnehin regional eingeschränkt, die Kooperation europäischer Behörden hat zudem Gefährdungspotenziale im Schengen-Raum in einem akzeptablen Rahmen halten können. Zur Verbesserung der Sicherheitslage ist an eine Stärkung der europäischen Kooperation, etwa durch Datenbankabgleiche, nicht aber durch die Wiedereinführung von Grenzkontrollen zu denken. Die Forderung nach Grenzkontrollen ist als jurispathisch einzustufen, da eine solche Renationalisierung die Unionsbürgerschaft einschränken und damit ihre kosmopolitisierenden Errungenschaften gefährden würde. Generell konterkariert die Perspektive auf Asylsuchende ausschließlich als potenzielle Straftäter den moralischen Universalismus, den sich die Kirchen im Ganzen zu Eigen gemacht haben. Denn die oben skizzierte Argumentation partikularisiert und geht vordergründig von dem Standpunkt besorgter einheimischer Bürger aus. Eine moralische Verpflichtung im Sinne einer Zugehörigkeitsgerechtigkeit tritt in den Hintergrund – darüber hinaus bildet das Plädoyer für eine Begrenzung von Zuwanderung nur eine randständige Position der Debatte um Asyl- und Migrationsrecht. Rechtlich ist höchst umstritten, ob und wie ein transparentes Verfahren zur Überprüfung eines Asylanspruchs möglich ist, wenn Grenzen geschlossen und Menschen bereits im Vorhinein die Möglichkeit eines Antrags verwehrt wird.

Anhand der Auseinandersetzung mit den konkreten Positionen zeigt sich, dass Körtner sich zwar prononciert zu Fragen auf der partikular-politischen Ebene äußern kann. Zugespitzt formuliert dominiert der Gedanke der Eigengesetzlichkeit, der für die scharfen politisch-ethischen Auseinandersetzungen in den 1950er und 1970er Jahren für die lutherischen Vertreter typisch war.[216] Allerdings gelangen dabei die Spannungen zu Prinzipien eines moralischen Universalismus und zu den entsprechend verbrieften Rechtsansprüche aus dem Blick. Das Modell der Körtnerschen Lesart der Zwei-Reiche-Lehre und deren Anwendung auf die Flüchtlingspolitik erscheint nicht fähig, die in dieser Frage

---

[216] Vgl. Anselm, Politische Ethik, 219f.

erforderliche Vermittlungsleistung zwischen Moral, Recht und Politik zu erbringen. Aus diesem Grund dürfte sich der EKD-Ratsvorsitzende Heinrich Bedford-Strohm auch mit großer Unterstützung der Kirchenmitglieder gegen verantwortungsethische Positionen wie diese gewendet haben, die sich kritisch gegenüber der Flüchtlingspolitik Merkels positionieren.[217] Bedford-Strohm kritisiert eine nationalisierende Lesart der Zwei-Reiche-Lehre, die eine Verantwortung für Flüchtlinge und Migrantinnen an den Grenzen und darüber hinaus bestreitet. In seiner Lesart seien Flüchtlinge als die Schwachen zu sehen, denen auch Luthers Solidarität gegolten hätte. Dies leite sich aus der universalen Ausrichtung des Evangeliums ab, das sich an alle Menschen richte. Weiter konkretisiert Bedford-Strohm sein Plädoyer für die Flüchtlingspolitik der Bundesregierung mit einer Universalisierung der Goldenen Regel, die den Auftrag für eine möglichst gute Versorgung von Zugewanderten formuliert. Im Hintergrund steht dabei ähnlich wie bei Joseph Carens die Übertragung der nationalstaatlichen Gerechtigkeitstheorie von John Rawls auf die globale Ebene, sodass Migration als Folge globaler Ungerechtigkeit verhandelt wird.[218] Davon ausgehend argumentierte Bedford-Strohm nicht erst in der Gegenwart, sondern bereits in der Vergangenheit für eine deutliche Solidarisierung der Kirchen für Asylsuchende und Migrantinnen.[219]

---

[217] Vgl. Heinrich Bedford-Strohm, Verantwortung aus christlicher Gesinnung. Wie die Kirchen helfen können, Funktionalität und Humanität miteinander zu verbinden, in: FAZ online, 18.12.15, www.faz.net/aktuell/politik/die-gegenwart/fluechtlingskrise-verantwortung-aus-christlicher-gesinnung-13951414.html (zuletzt abgerufen: 05.04.17). Vgl. dazu auch Heinrich Bedford-Strohm, Fromm und politisch. Warum die evangelische Kirche die Öffentliche Theologie braucht, in: Zeitzeichen 7/2016, 8–11. Für den ausführlichsten Beitrag zum Thema Flucht und Migration siehe Heinrich Bedford-Strohm, Mitgefühl.

[218] Bedford-Strohm zeigt offen eine starke Affinität zu Carens, problematisiert aber zugleich den mangelnden Anwendungsbezug am Beispiel der realistischen Hilfsmöglichkeiten. Vgl. Bedford-Strohm, Mitgefühl, 56f. Argumentativ sind aber zahlreiche Parallelen festzustellen, so verknüpft Bedford-Strohm wie Carens Migration mit der Frage nach globaler Gerechtigkeit. Strukturell ist die Rawls-Rezeption nahezu identisch. Vgl. dazu auch Heinrich Bedford-Strohm, Vorrang für die Armen. Auf dem Weg zu einer theologischen Theorie der Gerechtigkeit, Gütersloh 1993.

[219] Als Anwalt von Zugewanderten müssen die Kirchen auf eine Einhaltung der Genfer Flüchtlingskonvention, die Abschaffung von Kettenduldungen und die angemessene Versorgung von bedürftigen Zugewanderten hinwirken, so Bedford-Strohm. Zur Gewährleistung dieses wünschenswerten Katalogs werden allerdings kaum politische Vermittlungsschritte angedacht. Allein ein harmonisches Zusammenleben und das Feiern von Diversität bilden Bedford-Strohm zufolge Ansätze, die eine Überwindung der «strukturellen Sünde» der gegenwärtigen Asylpraxis anstreben. Vgl. Bedford-Strohm, Responding to the Challenges of Migration and Flight, 44f.

Auch wenn Bedford-Strohm argumentativ geschickt an das Modell der Zwei-Reiche-Lehre anknüpft, dürfte gedanklich stärker das von Karl Barth inspirierte Modell der Königsherrschaft Christi stehen. Die zweite These der Barmer Theologischen Erklärung wandte sich dezidiert gegen die im lutherischen Lager verbreitete Vorstellung einer Eigengesetzlichkeit. Nach der Zitierung von 1 Kor 1,30 heißt es hier: «Wie Jesus Christus Gottes Zuspruch der Vergebung aller unserer Sünden ist, so und mit gleichem Ernst ist er auch Gottes kräftiger Anspruch auf unser ganzes Leben; durch ihn widerfährt uns frohe Befreiung aus den gottlosen Bindungen dieser Welt zu freiem, dankbarem Dienst an seinen Geschöpfen. Wir verwerfen die falsche Lehre, als gebe es Bereiche unseres Lebens, in denen wir nicht Jesus Christus, sondern anderen Herren zu eigen wären, Bereiche, in denen wir nicht der Rechtfertigung und Heiligung durch ihn bedürften.»[220] Insofern steht – selbstverständlich in einem anderen Kontext als der Flüchtlingsdebatte – weniger der Gedanke der Unterscheidung zwischen weltlichem und göttlichem Regiment im Vordergrund, als vielmehr der Gedanke der Orientierung des menschlichen Rechts am göttlichen Recht. Daraus ergibt sich die Forderung an die Kirche, sich politisch für eine entsprechende Umgestaltung zu engagieren. Problematisch am Konzept der Königsherrschaft Christi bleibt indes, dass stets eine doketistische Negierung des Politischen virulent bleibt. Damit einher geht die Gefahr einer politischen Ideologisierung. Insofern ist sowohl für den Großentwurf als auch für die dazu affine Anwendung Bedford-Strohms unklar, wie eine Vermittlung mit der rechtlich-politischen Ebene erfolgen kann.

Bei der Kritik dieser Position ist zunächst zuzugestehen, dass Bedford-Strohm in der gegenwärtigen Debatte wesentlich stärker auf politische Operationalisierbarkeit achtet, als ihm vielfach vorgeworfen wird. So betont er am Beispiel der Migrationspolitik die Notwendigkeit einer Vermittlung von Moral zur politisch-rechtlichen Ebene: «Mir jedenfalls ist immer besonders wichtig gewesen, dass die Kirchen öffentlich für politische Entscheidungen eintreten, die jenseits moralischer Richtigkeit die Realität auch wirklich verändern. Eine Sozialethik […], die nur dann funktioniert, wenn man sie nie anwenden muss, ist eine schlechte Sozialethik, weil sie keine Folgen hat.»[221] Trotz der Betonung einer Vermittlung erhält die Argumentation Bedford-Strohms hier aber eine eigentümlich statische Struktur. Denn bei näherem Hinsehen zeigt sich an der kirchlicherseits beanspruchten «moralischen Richtigkeit», dass hier von einer

---

[220] Barmer Theologische Erklärung vom 31. Mai 1934, in: Georg Plasger und Matthias Freudenberg (Hg.), Reformierte Bekenntnisschriften. Eine Auswahl von den Anfängen bis zur Gegenwart, Göttingen 2005, 239–245, hier: 242.

[221] Bedford-Strohm, Mitgefühl, 47f.

klar priorisierten Moral ausgehend die politisch-rechtliche Ebene zur Anwendungsinstanz reduziert wird. Strukturanalog dazu führt die Übertragung des partikularen Gerechtigkeitsentwurfs von Rawls auf die globale Ebene zu einer Entwertung politischer Vermittlungsebenen, insbesondere der Europäische Union. Der materialethische Fokus auf Leistungen für Zuwanderer ist dann zwar konsequent. Im Hinblick auf die Anwendbarkeit ist aber zum einen auf einen *brain drain* in Entwicklungsländern zu verweisen, zum anderen auf die erforderlichen Kompromisse und Aushandlungsprozesse in der politischen Realität.

Für die Beurteilung der gegenwärtigen Situation der EU ist das nicht hilfreich. Denn auch wenn sich das staatliche Handeln an einem moralischen und rechtlichen Universalismus ausrichten sollte, ist damit noch kein tragfähiger Kompromiss über eine gemeinsame politische Praxis erreicht.[222] Moralischer Druck wirkt in dieser Konstellation kontraproduktiv. Insofern wäre eher eine Lesart der Zwei-Reiche-Lehre anzustreben, die das Unterscheidungspotenzial eines geistlichen und weltlichen Regiments nutzt.[223] Auf eine religiöse Aufladung staatlichen Handelns wäre dabei zu verzichten, ohne dass die geistlichen Grundlagen des politischen Engagements von Christinnen mit dem Gedanken der Eigengesetzlichkeit in Abrede gestellt würden. Im Sinne der beiden vorangehenden Abschnitte ist hier zunächst an eine zugleich engagierte und selbstkritische Rezeption des Menschenrechtsgedankens zu denken. Unter Bezugnahme auf biblische Quellen wären partikularisierende Stellen selbstkritisch zu analysieren, während mit universalisierenden Stellen aus Quellen des Engagements geschöpft werden kann. Partikulare Quellen der Universalität können dem politisch-rechtlichen Diskurs nicht schlicht übergestülpt werden. Vielmehr wäre von diesem Ansatz ausgehend stärker auf eine innereuropäische Verständigung zu setzen. Im Sinne einer *demokratischen Iteration* wäre eine kooperative Gewährleistung der Normen der Genfer Flüchtlingskonvention und von Verteilungsquoten zu unterstützen. Die hier rechtlich verbrieften Moralprinzipien bedürfen aber einer politischen Belebung.

In dieser diskursethischen Perspektive ist nicht die Aufnahme von Flüchtlingen zu kritisieren, die angesichts des potenziellen Rückstaus auf der Balkanroute zu einer katastrophalen Überforderung der südosteuropäischen Staaten geführt hätte. Stattdessen ist der hegemoniale Gestus zu kritisieren, mit dem Bundeskanzlerin Merkel und ihre Fürsprecher diese Flüchtlingspolitik durchgesetzt haben. Ihre historische Entscheidung im Spätsommer 2015

---

[222] Den Bedarf einer europäischen Einwanderungspolitik betont auch Marianne Heimbach-Steins auch in wünschenswerter Deutlichkeit, vgl. dazu Marianne Heimbach-Steins, Grenzverläufe gesellschaftlicher Gerechtigkeit, 60.

[223] Vgl. Reiner Anselm, Ethik ohne Grenzen?, in: ZEE 60 (2016), 163–167, hier: 166f.

stimmte Bundeskanzlerin Merkel weder mit ihrem französischen noch mit ihrem italienischen Amtskollegen ab, was den diplomatischen Gewohnheiten widersprach. Dies unterstrich den Charakter der leicht als hegemonial wahrnehmbaren Entscheidung. Durch das Handeln der Bundeskanzlerin während der Finanzkrise und dem verschärften Nord-Süd-Gefälle war diese machtpolitische Spannung ohnehin angelegt. Ein tragfähiger politischer Kompromiss geriet somit in weite Ferne und wirkte sich in den europäischen Öffentlichkeiten fatal aus, da der Eindruck des staatlichen Kontrollverlustes xenophobe Stimmungen beförderte.

Auch wenn die Entscheidung also im Sinne der Schutzverpflichtung richtig war, verhinderte ihre kommunikative Form eine erfolgreiche *demokratische Iteration* auf europäischer Ebene. Zwischen den typischen Spannungen kosmopolitischer Normen und von Souveränitätsansprüchen wurde zu wenig vermittelt, sodass es zu einer Diastase kam. Ein Handeln zugunsten der Rechte der Andere muss aber die supranationale Ebene einbeziehen und schätzt diese als kosmopolitisierende Errungenschaft. Problematisch an der als hegemonial wahrgenommenen Flüchtlingspolitik der Bundesregierung, dass sie die EU noch tiefer in die Krise stürzte. Eine christlich-kosmopolitische Position sollte sich daher nicht bedingungslos mit der Vorgehensweise Merkels solidarisieren, sondern im Unterscheidungsbewusstsein zwischen politischer und religiöser Ebene auf *demokratische Iterationen* setzen, um so nachhaltige *jurisgenerative Wirkungen* auf gesamteuropäischer Ebene zu fördern.

Trotz dieser Kritikpunkte gilt es aber festzuhalten, dass sowohl Körtner als auch Bedford-Strohm einen Ausgleich von Gesinnung und Verantwortung im Sinne Max Webers anstreben und sich für eine künftig höhere Migrationsfähigkeit der Aufnahmegesellschaften aussprechen. Diesem Anliegen ist vollumfänglich zuzustimmen; ebenso gilt dies für die von beiden vorgeschlagenen Maßnahmen, Fluchtursachen wirksamer zu bekämpfen, sichere Fluchtwege aus den Herkunftsländern zur Bekämpfung des Schlepperwesens zu schaffen, die Entwicklung eines modernen Migrationsrechts oder die finanzielle Unterstützung zur Versorgung von Flüchtlingslagern im Nahen Osten.[224] Für einen kosmopolitischen Ausgleich von Gesinnung und Verantwortung muss aber die Kompromissbereitschaft auf europäischer Ebene gefördert werden. Gemeinsame und ethisch verantwortbare Kriterien zur Aufnahme von Zuwanderern wie auch zur Begrenzung von Zuwanderung sind anzustreben, die dem Recht auf Gastfreundschaft und dem Bleiberecht von Zuwanderern, die loyal zu den demokratischen Rechtsinstitutionen sind, Geltung verschaffen. Bürgerschaft

---

[224] Vgl. dazu auch Volker Jung, Herrschaft des Rechts. In der Flüchtlingsfrage folgen die Kirche einer Verantwortungsethik, in: Zeitzeichen 4/2016, 8–11.

wird künftig in zunehmendem Maße auf supranationaler, nationaler und sub-nationaler Ebene zu denken sein.[225]

Um die Kooperationsbereitschaft der EU-Staaten zu erhöhen und so einen rechtlichen Universalismus zu fördern, müssen aber kulturelle Besonderheiten bedacht werden: nicht moralischer Druck, sondern gegenseitiges Verständnis wird letztlich zum Ziel führen. Die Forderung nach einem gemeinsamen europäischen Asylsystem ist zwar richtig, sie muss aber die Selbstkritik einschließen, dass Deutschland über Jahrzehnte keine Verantwortung an den EU-Außengrenzen übernommen hatte. Eine Adhoc-Entscheidung im Spätsommer 2015 war wegen ihres hegemonialen Charakters und dessen klerikalen Klangkörpers nicht förderlich für eine europäische Kooperation. Deutschland ist zudem mit seiner Vertreibungserinnerung, seinen vergleichsweise erfolgreichen Integrationspraktiken und seinen guten finanziellen Möglichkeiten grundlegend von anderen EU-Staaten verschieden.

Auch wenn etwa in Ungarn grassierender Rassismus und menschenverachtender Umgang mit Flüchtlingen als jurispathisch kritisiert werden müssen, darf eine Neuorientierung im Sinne eines rechtlichen Universalismus nicht über lokale Gegebenheiten hinweggehen. Ungarn ist wie nahezu alle Warschauer-Pakt-Staaten von einem sozialistischen Staatsnationalismus geprägt, dessen partikularisierenden Kräfte erst jetzt deutlich zu Tage treten. Wie auch die Beispiele Polen und Russland zeigen, haben die Nationalkirchen diesen Nationalismus seit 1989 nur leicht transformiert und religiös aufgeladen. Bedenkt man, welche Herausforderungen die Transition von einer Planwirtschaft zu einer Marktwirtschaft darstellt, kann ein derartiger moralischer Partikularismus nicht überraschen. Christlicher Kosmopolitismus sollte aber angesichts dieser Gemengelage das staatliche Handeln säkularisieren und die eigenen Versöhnungspotenziale zu transnationalen Verständigungen nutzen.

Der christlich-kosmopolitische Ausgleich zwischen Gesinnung und Verantwortung lässt sich anhand der Schleiermacherschen Unterscheidung von Gut, Pflicht und Tugend formulieren.[226] Die supranationale Staatengemeinschaft und die europäische Unionsbürgerschaft stellen ein hohes Gut dar, das es durch staatliches und zivilgesellschaftliches Handeln zu unterstützen gilt. Die Herausbildung eines supranationalen Staatswesens hat mit der Unionsbürgerschaft eine innereuropäische Kosmopolitisierung befördert und sowohl

---

[225] Ähnlich die katholische Sozialethikerin Marianne Heimbach-Steins, vgl. Heimbach-Steins, Grenzverläufe gesellschaftlicher Gerechtigkeit, 90.

[226] Vgl. zu dieser Unterscheidung Hans-Richard Reuter, Grundlagen und Methoden der Ethik, bes. 20–41. Die Durchführung ist angeregt von Arnulf von Scheliha, Protestantische Ethik des Politischen, Tübingen 2013, bes. 219–223.

kosmopolitische Normen als auch Handlungsmöglichkeiten in einer globalisierten Welt erweitert. Damit verbunden ist die Pflicht, Asylsuchenden auf EU-Ebene Gastfreundschaft zu gewährleisten und die Kosten dafür zu tragen. Diese Pflicht ist aber von legitimen Schutzerwägungen eingeschränkt. Es ergibt sich die Aufgabe, die Flüchtlingsthematik nicht auf die Binnenperspektive zu beschränken, sondern auf Kompromissbereitschaft hinzuwirken. Als Tugend kann daher transnationale Verständigungsbereitschaft auf Seiten christlicher Bürgerinnen gelten, die sich ihrer nationalen Deutungsmuster bewusst sind und in der ökumenischen und europäischen Öffentlichkeit konstruktiv mit anderen nationalen Prägungen verknüpfen. Daneben tritt die ebenfalls wichtige Tugend, mithilfe einer Willkommenskultur die Migrationsfähigkeit der Aufnahmegesellschaften zu unterstützen: Maßnahmen sind zu ergreifen, damit Zuwandererinnen zur aktiven Teilhabe am Diskurs fähig sind und Einheimische die Rolle des paternalistischen Wohltäters abstreifen.

4.4 «... und der Fremdling, der in deinen Toren ist» im Jahr 2017: Kirchliche Aufgaben

Das gemeinsame Wort «... und der Fremdling, der in deinen Toren ist» wurde 1997 von dem Kirchenamt der EKD und dem Sekretariat der DBK in Zusammenarbeit mit der Arbeitsgemeinschaft Christlicher Kirchen in Deutschland herausgegeben. Die ökumenische Erklärung wurde insbesondere aufgrund der Aufnahme zahlreicher Flüchtlinge aus Ex-Jugoslawien und der Spätaussiedler aus der ehemaligen Sowjetunion verfasst; im Zusammenhang damit kam es zur Kontroverse um den Asylkompromiss im Jahr 1992. Die Erklärung gliedert sich in sechs Abschnitte: nach einer Einführung (1.) werden zunächst geschichtliche Erfahrungen von Flucht und Migration (2.) sowie entsprechende Ursachen (3.) thematisiert; daran schließen im orientierenden Teil biblisch-theologische Überlegungen (4.) an, die auf politische (5.) und kirchliche Gestaltungsaufgaben (6.) bezogen werden. In der hier vorgenommenen Betrachtung werden zum einen unverändert gültige Einsichten der Erklärung gewürdigt, zum anderen Aktualisierungen angesichts gegenwärtiger Entwicklungen vorgeschlagen. Dabei analysiere ich drei Punkte: erstens die ethische Ausrichtung der Erklärung, zweitens die rechtlichen Herausforderungen durch religiösen Pluralismus und drittens die Herausforderungen und Potenziale von Dialog und Begegnung.

Erstens ist die ethische Ausrichtung der Erklärung unverändert anzuerkennen. Deutlich werden die Menschenrechte als universale Grundrechte und die demokratische Staats- und Lebensform anerkannt. Zugleich wird auch die

Spannung zwischen universalen Rechtsnormen und der Partikularität politischen Handelns betont, wenn es etwa um die Steuerung und Begrenzung von Zuwanderung geht. Theologisch und politisch ist die Vorläufigkeit politischer Schritte zu einer kosmopolitischen Verrechtlichung stets zu reflektieren.[227] Insofern ergibt sich auf der einen Seite die Aufgabe für die Kirchen, politischer Benachteiligung von Flüchtlingen und Migrantinnen oder gar der Bestreitung ihrer Grundrechte entgegenzuwirken; auf der anderen Seite ist der Kirche aufgegeben, «in der Öffentlichkeit auf eine sachliche und sachgemäße Behandlung der Fragen hinzuwirken und die ethischen Herausforderungen im Umgang mit Zuwanderern und Fremden deutlich zu machen.»[228]

Davon ausgehend lassen sich karitative und politische Aufgaben näher bestimmen. Die Kooperation zwischen Diakonie und Caritas wird in der Erklärung hervorgehoben.[229] Auch zwanzig Jahre später übernehmen die kirchlichen Einrichtungen in erfolgreicher ökumenischer Kooperation wichtige Aufgaben wie die Grundversorgung und die seelsorgerliche Begleitung von Flüchtlingen. Bei aller Uneinigkeit über die gegenwärtige Flüchtlingspolitik war der einhellige Tenor des Zentraldiskurses von Bewunderung für das zivilgesellschaftliche Engagement kirchlicher und säkularer Einrichtungen geprägt. Im Hinblick auf die politische Rolle der Kirche ist die Einschätzung von Kirchenasyl der Erklärung ebenfalls zu bestätigen. Die Kirchen können keinen «rechtsfreien Raum» für sich beanspruchen; vielmehr gilt: «Die Praxis des sogenannten ‹Kirchenasyls› ist nicht zuletzt auch eine Anfrage an die Politik, ob die im Asyl- und Ausländerrecht getroffenen Regelungen in jedem Falle die Menschen, die zu uns gekommen sind, beschützen und vor Verfolgung, Folter oder gar Tod bewahren.»[230] Kirchenasyl intendiert also eine authentische Interpretation des Rechts bei der Überprüfung von Härtefällen, zudem bindet es sich in aller Regel an die Voraussetzung, dass der Rechtsweg noch nicht vollständig abgeschlossen ist. Ergänzt werden müsste lediglich, dass die neue Praxis der Härtefallkommissionen, die in der heutigen Form mit dem Aufenthaltsgesetz mit Wirkung vom 1. Januar 2005 eingeführt wurde, sich bewährt hat. Vertreterinnen aus Kirche und Staat kommen in diesen Kommissionen zusammen und verständigen sich auf die Handhabung komplizierter Einzelfälle. Mit der

---

[227] Vgl. Kirchenamt der Evangelischen Kirche in Deutschland & Sekretariat der Deutschen Bischofskonferenz in Zusammenarbeit mit der Arbeitsgemeinschaft Christlicher Kirchen in Deutschland (Hg.), «… und der Fremdling, der in deinen Toren ist.» Gemeinsames Wort der Kirchen zu den Herausforderungen durch Migration und Flucht, Bonn 1997, hier: 7.

[228] EKD & DBK, «… und der Fremdling, der in deinen Toren ist.», 55.

[229] Vgl. EKD & DBK, «… und der Fremdling, der in deinen Toren ist.», 97.

[230] EKD & DBK, «… und der Fremdling, der in deinen Toren ist.», 100.

diskursiven Aushandlung asylrechtlicher Härtefälle wurde erfolgreich ein Verfahren geschaffen, dass in vielen Fällen die Anwendung des Instruments Kirchenasyl obsolet gemacht hat und die Kooperation verschiedener gesellschaftlicher Akteure gestärkt hat.

Bezogen auf die europäische Ebene ergibt sich dagegen ein erheblicher Aktualisierungsbedarf. Verglichen mit 1997 gilt nicht mehr, dass die Politik «auf europäischer Ebene erst recht in den Anfängen steckt.»[231] Obwohl die Notwendigkeit eines kosmopolitisch ausgerichteten Bewusstseins für globale Herausforderungen betont wird, fehlt die Erwähnung der Europäischen Union als supranationales Staatswesen mit entsprechenden Gestaltungsmöglichkeiten. Dies verwundert umso mehr, als die Forderung einheitlicher Standards für den Umgang mit Flüchtlingen in Europa gestellt wird.[232] Der Vertrag von Maastricht und die damit eingeführte Unionsbürgerschaft findet in der gesamten Erklärung keine Erwähnung, obwohl damit tiefgreifende Veränderungen für die Bedingungen der binneneuropäischen Migration verbunden waren.

Die Osterweiterung 2004 hat diese Entwicklung noch verstärkt. Damit diese auch in der Gegenwart vielfach vorgebrachte Forderung nach gerechter Kontingentierung und gemeinsamen Asylstandards mehr als ein frommer Wunsch wird, ist in der Gegenwart eine ökumenische Problemdiagnose erforderlich. Blickt man auf die zwischenstaatlichen Spannungen zwischen Polen, Ungarn oder Deutschland in der Flüchtlingspolitik, so fällt auf, dass die nationalkirchlichen Vertreter die politischen Spannungen religiös eher noch verstärken. Bedenkliche Sakralisierungen politischen Handelns lassen sich feststellen. Um ein illusionsloses Engagement für Demokratie und Menschenrechte zu stärken, können ökumenische Netzwerke, aber auch das Reformationsjubiläum wichtige Impulse geben. Insofern müsste eine aktualisierte Erklärung betonen, dass die christlichen Kirchen am Abbau nationaler Gegensätze auf europäischer Ebene arbeiten und die christlichen Versöhnungspotenziale nutzen sollten.

Im Hinblick auf die Herausforderungen einer religiös pluralen Gesellschaft hat zweitens der Ansatz bei den Grundrechten und -freiheiten nichts an Aktualität verloren. Die daraus resultierende Religionsfreiheit für neue Minderheiten wird ausdrücklich anerkannt. Die Bezugnahme auf Art. 7 Abs. 3 GG und das damit begründete Plädoyer für islamischen Religionsunterrichts in der Erklärung ist bemerkenswert weitsichtig.[233] Heute ist der islamische Religionsunterricht ebenso wie islamische Theologie an den öffentlichen Universitäten

---

[231] EKD & DBK, «... und der Fremdling, der in deinen Toren ist.», 7.

[232] Vgl. EKD & DBK, «... und der Fremdling, der in deinen Toren ist.», 65.

[233] Vgl. EKD & DBK, «... und der Fremdling, der in deinen Toren ist.», 81.

gängige Praxis, was langfristig die Bildung von historisch-kritischen und liberalen Muslimen fördern wird. Insgesamt zeigen sich in den letzten 20 Jahren Veränderungen in der Infrastruktur religiöser Minderheiten. Die schnelle Selbstorganisation von Aleviten, Jesiden oder syrisch-orthodoxen Christen wird mit anderen Konfessionen einen Mobilisierungsschub und eine Konfessionalisierung der religiösen Landschaft in Deutschland bringen. Von einem gelegentlich befürchteten Import religiöser Konflikte ist deswegen aber nicht auszugehen.[234] Dagegen spricht die hohe inter- und intrareligiöse Diversität der Herkunftsländer und die Vorgeschichte erfolgreicher Konvivenz-Modelle, auf die Flüchtlinge zurückgreifen können. Für eine uniforme «Islamisierung» gibt es daher keinerlei Anzeichen.[235] Gegen alles Gerede von «Abendland» und «Leitkultur» ist die religiöse Pluralisierung als integrationspolitisches Erfolgsmodell fortzuführen. Die Gewährung von Religionsfreiheit begünstigt ein friedliches Zusammenleben.

Drittens liegt es auf der Hand, dass ökumenischer und interreligiöser Dialog durch die weiter zunehmende Pluralisierung an Bedeutung gewinnen. Die Erklärung gesteht zwar zu Recht ein, dass vor sich allem die westlichen Kirchen lange Zeit «dialogfeindlich gegenüber anderen Religionen und Kulturen»[236] verhalten haben. Doch auch fundamentalistische Tendenzen in der islamischen Welt werden thematisiert: «Die rechtliche, gesellschaftliche und soziale Benachteiligung von Christen in islamischen Ländern erschwert eine vorbehaltlose Begegnung zwischen Christen und Muslimen. Das gegenseitige Einräumen von rechtlicher und gesellschaftlicher Gleichbehandlung ist ein Erfordernis aus dem Verständnis der Grundrechte des Menschen und demokratischer Gesellschaftsformen.»[237] Diesbezüglich muss in den vergangenen Jahren eine besorgniserregende Verschlechterung konstatiert werden. Christen im Nahen Osten und Nordafrika mussten massenweise fliehen, sodass teilweise jahr-

---

[234] Bei Übergriffen auf religiöse Minderheiten in Flüchtlingsunterkünften handelt es sich um Einzelfälle, die vor allem durch evangelikale Medien zur islamophoben Stimmungsmache hochstilisiert wurden. Vgl. Zur Situation von Christen und religiösen Minderheiten in Asylbewerberunterkünften. Stellungnahme der DBK & EKD zur Situation von Christen und religiösen Minderheiten in Asylbewerberunterkünften, 22.01.16, https://www.ekd.de/download/ Gemeinsame_Stellungnahme_Christen_in_Asylbewerberunteruenften.pdf (zuletzt abgerufen: 05.04.17).

[235] Zumindest von Personen, die sich für Fakten interessieren. Vgl. dazu Alexander-Kenneth Nagel, «Identität und Innovation. Flucht, Migration und religiöse Pluralisierung in Deutschland», in: Herder Korrespondenz: Monatshefte für Gesellschaft und Religion 11/69 (2015), 565–568, hier: 568.

[236] EKD & DBK, «... und der Fremdling, der in deinen Toren ist.», 91.

[237] EKD & DBK, «... und der Fremdling, der in deinen Toren ist.», 93f.

hundertealte kulturelle Kontinuitäten abbrachen. Ausgehend von den Überlegungen dieser Studie ist zu hoffen, dass Musliminnen, die in den Genuss von Demokratie und Menschenrechte kommen, in ihren Herkunftsländern zukünftig stärker Einfluss auf die Sicherung der Grundrechte religiöser Minderheiten nehmen. Religiöse Akteure könnten in transnationalen *demokratischen Iterationen* ein säkulares Rechtswesen befördern, wenn sie eine rechtstaatlich garantierte Religionsfreiheit genossen haben.

Im Blick auf christliche Kirchen wäre aber eine ähnliche Berücksichtigung der partikularisierenden Tendenzen innerhalb der eigenen Glaubensgemeinschaft wünschenswert. Dies schließt eine Betrachtung der Ambivalenz biblischer Texte ein, aber auch das selbstkritische historische Bewusstsein für die späte Rezeption des Menschenrechtsgedankens innerhalb der Kirchen.[238] Sind damit vor allem die Herausforderungen des ökumenischen und interreligiösen Dialogs benannt, ist zugleich das Potenzial von Begegnungen zu betonen. Auch wenn teilweise eine Kritik an Betroffenheitsheischerei ohne Auswirkungen bei Begegnungen berechtigt ist, gilt: «Erst die konkrete Begegnung und Identifikation setzt jene moralische Energien frei, die tätig macht.»[239] Begegnungen helfen also Einheimischen wie Fremden, Hemmungen abzubauen und an Sprachfähigkeit zu gewinnen, was für *demokratische Iterationen* unabdingbar ist.

Insgesamt zeigt sich, dass die ethische Ausrichtung der Erklärung unverändert gültig ist und die Kirchen sich entsprechend konstruktiv in der Flüchtlingspolitik verhalten haben. Der Argumentation für eine liberale Flüchtlingspolitik korrespondierte ein erfreuliches karitatives und politisches Engagement, das sich aber noch stärker europäisieren sollte. Die weitsichtige Einschätzung rechtlicher Herausforderungen bildete einen wichtigen Beitrag zur religionspolitischen Integration von Zuwandern. In der Gegenwart ist ein Dialog auf Augenhöhe anzustreben, damit Einheimische wie Fremde gemeinsam als Bürger die Rechte der Anderen achten.

---

[238] Vgl. EKD & DBK, «… und der Fremdling, der in deinen Toren ist.», 45–51 und meine Überlegungen in den Abschnitten 4.2. und 4.3. dieser Studie.
[239] Vgl. Nagel, Identität und Innovation, 565.

5. Fazit

Die Studie hat gezeigt, wie die durch den Zweiten Weltkrieg ausgelösten Katastrophen die Entwicklung des modernen Asylrechts und die damit verbundene moralische und rechtliche Universalisierung nach sich zogen. Am Beispiel Deutschlands wurde deutlich, dass die Vertreibungserinnerung die heutige Flüchtlingsdebatte beeinflusst. Daran anschließend zog ich für gegenwärtige Herausforderungen Seyla Benhabibs Überlegungen heran, um zu zeigen, wie aus einem universalen Moralprinzip kosmopolitische Rechtsnormen entstehen können. Das Recht auf Gastfreundschaft ist ein Beispiel dafür; zugleich begründet es das Konzept durchlässiger Grenzen. Die Normen der Menschenrechte unterstützen benachteiligte Gruppen, also potenziell auch Migrantinnen, darin, in politischen Auseinandersetzungen für ihre Rechte einzustehen. Idealerweise führen derartige *demokratische Iterationen* zu *jurisgenerativen Wirkungen*.

Bezieht man diese rechtsphilosophischen Überlegungen auf die theologisch-ethische Debatte, zeigt sich: Die christliche Rezeption des Menschenrechtsgedankens muss sich einerseits engagiert, andererseits selbstkritisch vollziehen. Die Ambivalenz der biblischen Bezüge und der eigenen Überlieferungsgeschichte müssen sorgfältig reflektiert werden. In einem rechtlich säkularen Staatswesen können christliche Bürger die Versöhnungspotenziale ihrer Tradition nutzen, um politische Kompromisse zu fördern. Die ökumenischen Netzwerke sollten ein transnationales Engagement pluralismusfähiger Christinnen unterstützen, um die demokratischen Rechte von Zuwanderern auszuweiten. Europa braucht nach außen durchlässige, nach innen offene Grenzen.

Literaturverzeichnis

Die verwendeten Titel werden stets in der hier aufgeführten Kurzform zitiert. Die ausführlichen Formen sind dem nachfolgenden Literaturverzeichnis zu entnehmen. Abkürzungen für Zeitschriften, Lexika und Bibelstellen richten sich nach S. Schwertner, Internationales Abkürzungsverzeichnis für Theologie und Grenzgebiete, Berlin u. a. [2]1994.

Achenbach, Reinhard, *ger – näkhri – töshav – zär*. Legal and Sacral Distinctions regarding Foreigners in the Pentateuch, in: ders. u. a. (Hg.), The Foreigner and the Law. Perspectives from the Hebrew Bible and the Ancient Near East, BZAR 16, Wiesbaden 2011, 27–50.

Anselm, Reiner Art. Güter – Güterlehre, in: ders. & Körtner, Ulrich (Hg.), Evangelische Ethik kompakt. Basiswissen in Grundbegriffen, Gütersloh 2015, 80–87.

Art. Bibel, Glaube, in: R. Anselm, Art. Güter, in: ders. & Körtner, Ulrich (Hg.), Evangelische Ethik kompakt. Basiswissen in Grundbegriffen, Gütersloh 2015, 17–23.

Politische Ethik, in: Huber, Wolfgang u. a. (Hg.), Handbuch der Evangelischen Ethik, München 2015, 195–263.

Ethik ohne Grenzen?, in: ZEE 60 (2016), 163–167.

Arendt, Hannah, Elemente und Ursprünge totaler Herrschaft. Antisemitismus, Imperialismus, totale Herrschaft, München [4]1995.

Wir Flüchtlinge. Mit einem Essay von Thomas Meyer, Stuttgart 2016.

Bade, Klaus, Sozialhistorische Migrationsforschung und Flüchtlingsintegration, in: Schulze, Rainer u. a. (Hg.), Flüchtlinge und Vertriebene in der westdeutschen Nachkriegsgeschichte. Bilanzierung und Perspektiven auf die künftige Forschungsarbeit, Hildesheim 1987, 126–162.

Zur Karriere abschätziger Begriffe in der Asylpolitik, in: APuZ 25/2015, 3–8.

Barmer Theologische Erklärung vom 31. Mai 1934, in: Georg Plasger und Matthias Freudenberg (Hg.), Reformierte Bekenntnisschriften. Eine Auswahl von den Anfängen bis zur Gegenwart, Göttingen 2005, 239–245.

Bauböck, Rainer, The Rights of the Others and the Boundaries of Democracy, in: EJPT 4 (2007), 398–406.

Bedford-Strohm, Heinrich, Vorrang für die Armen. Auf dem Weg zu einer theologischen Theorie der Gerechtigkeit, Gütersloh 1993.

Bedford-Strohm, Heinrich, Responding to the Challenges of Migration and Flight from a Perspective of Theological Ethics, in: Theological Reflections on Migration. A CCME Reader, Brüssel 2008, 38–46.

Bedford-Strohm, Heinrich, Fromm und politisch. Warum die evangelische Kirche die Öffentliche Theologie braucht, in: Zeitzeichen 7/2016, 8–11.

Bedford-Strohm, Heinrich, Mitgefühl. Ein Plädoyer, München 2016.

Bell, Colin, Toward Human Rights for Refugees, in: AFSC Bulletin 12 (1951).

Benhabib, Seyla, Die Rechte der Anderen, Frankfurt/Main 2008.

Benhabib, Seyla, Kosmopolitismus ohne Illusionen. Menschenrechte in unruhigen Zeiten, Berlin 2016.

Brand, Jobst-Ulrich & Plewnia, Ulricke, Das Ende des Misstrauens. Interview mit Monika Grütters und Bernd Fabritius, in: Focus, 12.3.2016, 102–105.

Cassee, Andreas, Globale Bewegungsfreiheit. Ein philosophisches Plädoyer für offene Grenzen, Berlin 2016.

Carens, Joseph, Fremde und Bürger. Weshalb Grenzen offen sein sollten, in: Cassee, Andreas &Goppel, Anna (Hg.), Migration und Ethik, Münster 2012, 23–46.

Carens, Joseph, The Ethics of Immigration, Oxford 2013.

Collier, Paul, Exodus. Warum wir Einwanderung neu regeln müssen, München 2014.

Cover, Robert, Foreword: Nomos and Narrative, in: Harvard Law Review 4 (1983/1984), 4–68.

Cremer, Hendrik, Menschenrecht Asyl, in: APuZ 10–11, 2016, 40–44.

Deutschländer, Christian, Seehofer zu Asyl: Merkel hat ernste Lage erkannt. Interview mit Horst Seehofer, in: Münchener Merkur, 25.06.15, 17.

Deutschländer, Christian, Duden Recht A-Z. Fachlexikon für Ausbildung, Studium und Beruf, Art. Asylrecht, 48–54, Berlin ³2015.

Deutschländer, Christian, Kirchenamt der Evangelischen Kirche in Deutschland & Sekretariat der Deutschen Bischofskonferenz in Zusammenarbeit mit der Arbeitsgemeinschaft Christlichen Kirchen in Deutschland (Hg.), «… und der Fremdling, der in deinen Toren ist.» Gemeinsames Wort der Kirchen zu den Herausforderungen durch Migration und Flucht, Bonn 1997.

Emcke, Carolin, Kollektive Identitäten. Sozialphilosophische Grundlagen, Frankfurt/ New York 2000.

Feldmeier, Reinhard, Die Christen als Fremde. Die Metapher der Fremde in der antiken Welt, im Urchristentum und im 1. Petrusbrief (WUNT 64), Tübingen 1992.

Flikschuh, Katrin, Kant and the Modern Political Philosophy, Cambridge 2000.

Gatrell, Peter, 65 Jahre Genfer Flüchtlingskonventionen, in: APuZ 26–27/2015, 25–32.

Goodwin-Gill, Guy & McAdam, Jane, The Refugee in International Law, Oxford ³2007.

Habermas, Jürgen, Glauben und Wissen, Rede zum Friedenspreis des Deutschen Buchhandels, Frankfurt/Main 2001.

Habermas, Jürgen, Zur Verfassung Europas – ein Essay, Frankfurt/Main 2011.

Habermas, Jürgen, Art. Diskursethik, in: Nida-Rühmelin, Julian u. a. (Hg.), Handbuch Philosophie und Ethik, Bd. II: Disziplinen und Themen, Paderborn 2015, 74–78.

Heimbach-Steins, Marianne, Grenzverläufe gesellschaftlicher Gerechtigkeit. Migration – Zugehörigkeit – Beteiligung (GER 5), Paderborn 2016.

Heilinger, Jan-Christoph & Pogge, Thomas, Globale Gerechtigkeit, in: Nida-Rühmelin, Julian u. a. (Hg.), Handbuch Philosophie und Ethik, Bd. II: Disziplinen und Themen, Paderborn 2015, 304–311.

Hoesch, Matthias, Allgemeine Hilfspflicht, territoriale Gerechtigkeit und Wiedergutmachung: Drei Kriterien für eine faire Verteilung von Flüchtlingen – und wann sie irrelevant werden, in: Grundmann, Thomas & Stephan, Achim (Hg.), «Welche und wie viele Flüchtlinge sollen wir aufnehmen?»: Philosophische Essays, Stuttgart 2016, 15–29.

Huber, Wolfgang, Rechtsethik, in: ders. u. a. (Hg.), Handbuch der Evangelischen Ethik, München 2015, 125–193.

Jakubowska, Anna, Der Bund der Vertriebenen in der Bundesrepublik Deutschland und Polen (1957–2004). Selbst- und Fremddarstellung eines Vertriebenenverbandes, Marburg 2012.

Joas, Hans, Die Sakralität der Person, Berlin 2011.

Joas, Hans Glaube als Option, Freiburg/Breisgau 2012.

Jung, Volker, Herrschaft des Rechts. In der Flüchtlingsfrage folgen die Kirche einer Verantwortungsethik, in: Zeitzeichen 4/2016, 8–11.

Kalinna, Georg, Protestantismus und Demokratie, in: Zeitzeichen 01/17, 26–28.

Kant, Immanuel, Grundlegung zur Metaphysik der Sitten, in: Weischedel, Wilhelm (Hg.), Immanuel Kant. Werke in sechs Bänden, Bd. IV: Schriften zur Ethik und Religionsphilosophie, Leipzig 82016, 11–102.

Kant, Immanuel, Zum ewigen Frieden (1795). Ein philosophischer Entwurf, in: Wieschedel, Wilhelm (Hg.), Immanuel Kant. Werke in sechs Bänden, Bd. VI: Schriften zur Anthropologie, Geschichtsphilosophie, Politik und Pädagogik, Leipzig 82016, 191–251.

Kothen, Andrea, Sagt man jetzt Flüchtlinge oder Geflüchtete?, in: Heft zum Tag des Flüchtlings 2016. Herausgegeben von ProAsyl, 24.

Kossert, Andreas, Kalte Heimat. Die Geschichte der deutschen Vertriebenen nach 1945, München 2008.

Körtner, Ulrich, Mehr Verantwortung, weniger Gesinnung. In der Flüchtlingsfrage weiche die Kirchen wichtigen Fragen aus, in: Zeitzeichen 2/2016, 8–11.

Körtner, Ulrich, Gesinnungs- und Verantwortungsethik in der Flüchtlingspolitik, in: ZEE 60 (2016), 282–296.

Kress, Helmut, Ethik der Rechtsordnung. Staat, Grundrechte und Religionen im Licht der Rechtsethik, Stuttgart 2012.

Lemberg, Eugen, Geschichte des Nationalismus in Europa, Stuttgart 1950.

Luz, Ulrich, Das Evangelium nach Matthäus, 3. Teilband, Mt 18–25, in: EKK, Neukirchen-Vluyn 1997.

Meyer, Thomas, Die Ironie Gottes. Die politische Kultur der Moderne zwischen Resakralisierung und Religiotainment, in: Mörschel, Tobias (Hg.), Macht Glaube Politik? Religion und Politik in Europa und Amerika, Göttingen 2006, 61–83.

Möllers, Christoph, Demokratische Ebenengliederung, in: Apel, Ivo u. a. (Hg.), Öffentliches Recht im offenen Staat, Festschrift für Rainer Wahl, Berlin 2011, 759–778.

Nagel, Alexander-Kenneth «Identität und Innovation. Flucht, Migration und religiöse Pluralisierung in Deutschland». In: Herder Korrespondenz: Monatshefte für Gesellschaft und Religion 11/69 (2015), 565–568.

Oltmer, Jochen, Kleine Globalgeschichte der Flucht im 20. Jahrhundert, in: APuZ 26–27/2016, 18–25.

Ott, Konrad, Zuwanderung und Moral, Stuttgart 2016.

Otto, Eckart, Theologische Ethik des Alten Testaments (ThW 3/2), Göttingen 1994.

Poutrus, Patrice, Spannungen und Dynamiken. Asylgewährung in der Bundesrepublik Deutschland von den frühen 1950ern bis zur Mitte der 1970er Jahre, in: Heis, Gernot & Mesner, Maria (Hg.), Asyl. Das lange 20. Jahrhundert, Wien 2013, 126–145.

Rawls, John, Eine Theorie der Gerechtigkeit, Frankfurt/Main 122012.

Reuter, Hans-Richard, Rechtsethik in theologischer Perspektive, Gütersloh 1996.

Reuter, Hans-Richard, Grundlagen und Methoden der Ethik, in: Huber, Wolfgang u. a. (Hg.), Handbuch der Evangelischen Ethik, München 2015, 9–123.

Schär, Hans Rudolph, Migration, in: ZEE 31 (1987), 456–466.

Scheliha, Arnulf von, Protestantische Ethik des Politischen, Tübingen 2013.

Scheliha, Arnulf von Migration in ethisch-religiöser Reflexion. Theologiegeschichtliche und ethische Erwägungen zu einem aktuellen Thema, in: ZThK 113, 78–98.

Scholz, Stephan, Die deutsche Vertreibungserinnerung in der Flüchtlingsdebatte, in: APuZ 26–27/2016, 40–46.

Spieckermann, Hermann, Gottes Liebe zu Israel, Tübingen 2001.

Walzer, Michael, Sphären der Gerechtigkeit, Frankfurt/Main 1994.

Weber, Max, Politik als Beruf, München 1919.

Weis, Paul, The International Protection of Refugees, in: The American Journal of International Law, 48 (1954), 193–221.

Internetquellen

«2016 hat die Welt schwächer und instabiler gemacht». Angela Merkel auf dem CDU-Bundesparteitag, Zeit Online, www.zeit.de/politik/deutschland/2016–12/angela-merkel-cdu-parteitag-essen-wiederwahl-parteichefin-wahlkampf-2017 (zuletzt abgerufen: 05.04.17).

Bedford Strohm, Heinrich, Verantwortung aus christlicher Gesinnung. Wie die Kirchen helfen können, Funktionalität und Humanität miteinander zu verbinden, in: FAZ online, 18.12.15, www.faz.net/aktuell/politik/die-gegenwart/fluechtlingskrise-verantwortung-aus-christlicher-gesinnung-13951414.html (zuletzt abgerufen: 05.04.17).

Bild, Wir schaffen auch den. Das bedeutet Trumps Sieg für Deutschland, 10.11.16, http://meedia.de/2016/11/10/von-wir-schaffen-auch-den-bis-american-psycho-die-zeitungscover-zum-trump-triumph/ (zuletzt abgerufen: 05.04.17).

Bundesverfassungsgericht, Leitsätze zum Urteil des Zweiten Senats vom 24. September 2003 – 2 BvR 1436/02, www.bundesverfassungsgericht.de/entscheidungen/rs20030924_2bvr143602.html (zuletzt abgerufen: 05.04.17).

Catalon, Jean-Christophe, Die größte Angst der Brexit Wähler, Weblink EurActiv, 02.11.16, www.euractiv.de/section/eu-innenpolitik/news/immigration-die-groesste-angst-der-brexit-waehler/?nl_ref=23911591 (zuletzt abgerufen: 05.04.17).

Chateau, Céline, Einwanderungspolitik, in: Migration und Asyl: eine Herausforderung für Europa, Kurzdarstellungen zur Europäischen Union, 11–16. abrufbar unter: www.europarl.europa.eu/factsheets/de (zuletzt abgerufen: 05.04.17).

Der Spiegel, Das Ende der Welt (wie wir sie kennen), Nr. 46, 12.11.16, abrufbar unter: https://magazin.spiegel.de/SP/2016/46/ (zuletzt abgerufen: 05.04.17).

El Mundo, Estados unidos entra en la era del populismo, 10.11.16, http://paralalibertad.org/estados-unidos-entra-en-la-era-del-populismo/ (zuletzt abgerufen: 05.04.17).

Eurlex, Richtlinie 2003/109/EG des Rates vom 25. November 2003 betreffend die Rechtsstellung der langfristig aufenthaltsberechtigten Drittstaatsangehörigen, http://eur-lex.europa.eu/legal-content/DE/TXT/?uri=CELEX%3A02003L0109–20110520 (zuletzt abgerufen: 05.04.17).

Eurostat, Statistics Explained. Asylum Quarterly Report, 14.12.16, http://ec.europa.eu/eurostat/statistics-explained/index.php/Asylum_quarterly_report (zuletzt abgerufen: 05.04.17).

Grundgesetz der Bundesrepublik Deutschland, https://www.bundestag.de/grundgesetz (zuletzt abgerufen: 05.04.17).

Interview with James Hathaway, in: International Affairs Forum, 1 (2016), www.iaforum.org/Files/QNEMHW.pdf (zuletzt abgerufen: 05.04.17).

Pinkert, Reiko & Strozyk, Jan-Lukas, BKA-Bericht: Flüchtlinge begehen weniger Straftaten, SZ online, 30.12.16, www.sueddeutsche.de/politik/fluechtlinge-bka-bericht-fluechtlinge-begehen-weniger-straftaten-1.3315641 (zuletzt abgerufen: 05.04.17).

Smale, Alison & Erlanger, Steven, As Obama Exits World Stage, Angela Merkel May be the Liberal West's Last Defender, in: New York Times online, 12.11.16, www.nytimes.com/2016/11/13/world/europe/germany-merkel-trump-election.html?_r=0 (zuletzt abgerufen: 05.04.17).

The Migrants' Files. The Human and Financial Cost of 15 Years of Fortress Europe, 24.06.16, www.themigrantsfiles.com, (zuletzt abgerufen: 05.04.17).

United Nations, Department of Economic and Social Affairs, Trends in International Migrant Stock. The 2015 Revision, www.un.org/en/development/desa/population/migration/index.shtml (zuletzt abgerufen: 05.04.17).

UN, Resolution der Generalversammlung 10.12.1948, 217 A (III), Allgemeine Erklärung der Menschenrechte, www.un.org/depts/german/menschenrechte/aemr.pdf (zuletzt abgerufen: 05.04.17).

UNHCR, Abkommen über die Rechtsstellung der Flüchtlinge vom 28. Juli 1951 (In Kraft getreten am 22. April 195). Protokoll über die Rechtsstellung der Flüchtlinge vom 31. Januar 1967 (In Kraft getreten am 4. Oktober 1967), www.unhcr.de/fileadmin/user_upload/dokumente/03_profil_begriffe/genfer_fluechtlingskonvention/Genfer_Fluechtlingskonvention_und_New_Yorker_Protokoll.pdf (zuletzt abgerufen: 05.04.17).

UNHCR, Figures at a Glance. Global Trends 2015, Statistical Yearbooks. www.unhcr.org/figures-at-a-glance.html (zuletzt abgerufen: 05.04.17).

Vertrag über die Arbeitsweise der Europäischen Union (AEUV), http://eur-lex.europa.eu/legal-content/DE/TXT/HTML/?uri=CELEX:12012E/TXT&from=DE (zuletzt abgerufen: 05.04.17).

«Wie ein Hippie-Staat von den Gefühlen geleitet». Anthony Glees im Gespräch mit Tobias Armbrüster, Deutschlandfunk, 08.09.15. www.deutschlandfunk.de/deutschland-und-die-fluechtlinge-wie-ein-hippie-staat-von.694.de.html?dram:article_id=330441 (zuletzt abgerufen: 05.04.17).

Zur Situation von Christen und religiösen Minderheiten in Asylbewerberunterkünften. Stellungnahme der DBK & EKD zur Situation von Christen und religiösen Minder-

heiten in Asylbewerberunterkünften, 22.01.16, https://www.ekd.de/download/ Ge-
meinsame_Stellungnahme_Christen_in_Asylbewerberunteruenften.pdf (zuletzt
abgerufen: 05.04.17).